LA PSYCHOLOGIE DE L'ENFANT

« QUE SAIS-JE ? »

LE POINT DES CONNAISSANCES ACTUELLES

N° 369

LA
PSYCHOLOGIE
DE L'ENFANT

par

Jean PIAGET

Professeur à la Faculté des Sciences de Genève

et

Bärbel INHELDER

*Professeur à l'Institut des Sciences de l'éducation
de l'Université de Genève
Chargée d'enseignement à l'Université d'Aix-Marseille*

DEUXIÈME ÉDITION REVUE

PRESSES UNIVERSITAIRES DE FRANCE

108, BOULEVARD SAINT-GERMAIN, PARIS

—

1967

TRENTIÈME MILLE

INTRODUCTION

La psychologie de l'enfant (1) étudie la croissance mentale ou, ce qui revient au même, le développement des conduites (c'est-à-dire des comportements y compris la conscience), jusqu'à cette phase de transition constituée par l'adolescence, qui marque l'insertion de l'individu dans la société adulte. La croissance mentale est indissociable de la croissance physique, notamment de la maturation des systèmes nerveux et endocriniens, se poursuivant jusque vers 16 ans. Il en résulte d'abord que, pour comprendre cette croissance mentale, il ne suffit pas de remonter jusqu'à la naissance, car il existe une embryologie des réflexes (Minkowski) intéressant la motricité du fœtus, et l'on a déjà invoqué les conduites préperceptives de celui-ci dans des domaines comme ceux de la perception de la causalité tactilo-kinesthésique (Michotte) (2). Il en résulte aussi, d'un point de vue théorique, que la psychologie de l'enfant est à considérer comme étudiant un secteur particulier d'une embryogenèse générale, celle-ci se poursuivant bien après la naissance et englobant toute la croissance, organique et mentale, jusqu'à l'arrivée à cet état d'équilibre relatif que constitue le niveau adulte.

Seulement les influences du milieu acquièrent une importance de plus en plus grande à partir de la naissance, du point de vue organique d'ailleurs aussi bien que mental. La psychologie de l'enfant ne saurait donc se borner à recourir à des facteurs de maturation biologique, puisque les facteurs à considérer relèvent également de l'exercice ou de l'expérience acquise, ainsi que de la vie sociale en général.

La psychologie de l'enfant étudie l'enfant pour lui-même

(1) Cet ouvrage veut être une synthèse de différents travaux de psychologie de l'enfant, y compris les nôtres (sans engagement d'ailleurs quant aux proportions). A l'égard de ceux-ci, le lecteur éprouvera sans doute une impression de répétition un peu fastidieuse. Nous nous permettons cependant de signaler deux nouveautés sur ce point : cet exposé est à la fois bref et simple, ce qui constitue d'ailleurs ses deux seuls mérites.

Nos remerciements aux Presses Universitaires de France pour nous avoir décidés à écrire ce résumé, ce à quoi nous n'aurions jamais songé à nous seuls.

(2) A. MICHOTTE, *La perception de la causalité*, Publications universitaires de Louvain, 2ᵉ éd., 1954.

en son développement mental. Il convient à cet égard de la distinguer de la « psychologie génétique », bien qu'elle en constitue l'instrument essentiel. Notons d'abord, pour dissiper toute équivoque dans la terminologie, que le mot « génétique », utilisé dans l'expression « psychologie génétique », a été introduit par les psychologues dès la seconde moitié du XIXᵉ siècle c'est-à-dire avant que les biologistes l'emploient dans un sens plus restreint. Dans le langage actuel des biologistes, la « génétique » se réfère exclusivement aux mécanismes de l'hérédité, par opposition aux processus embryogénétiques ou ontogénétiques. Au contraire, le terme de « psychologie génétique » se réfère au développement individuel (ontogenèse). Cela dit, on pourrait être tenté de considérer les expressions de « psychologie de l'enfant » et « psychologie génétique » comme synonymes, mais une nuance importante les différencie : si la psychologie de l'enfant étudie celui-ci pour lui-même, on tend aujourd'hui, par contre, à appeler « psychologie génétique » la psychologie générale (étude de l'intelligence, des perceptions, etc.), mais en tant qu'elle cherche à expliquer les fonctions mentales par leur mode de formation, donc par leur développement chez l'enfant ; par exemple, après avoir étudié les raisonnements, opérations et structures logiques chez l'adulte seul, donc à l'état achevé et statique, ce qui a conduit certains auteurs (*Denkpsychologie* allemande) à voir dans la pensée un « miroir de la logique », on a fini par se demander si la logique était innée ou résultait d'une construction progressive, etc. : pour résoudre de tels problèmes, on recourt alors à l'enfant et, de ce fait même, la psychologie de l'enfant est promue au rang de « psychologie génétique », c'est-à-dire qu'elle devient un instrument essentiel d'analyse explicative, pour résoudre les problèmes de la psychologie générale.

L'importance acquise actuellement par la méthode génétique dans tous les secteurs de la psychologie (qu'on pense, par exemple, au rôle considérable attribué à l'enfance par la psychanalyse) tend ainsi à conférer à la psychologie de l'enfant une sorte de position clé dans les domaines les plus divers. C'est donc surtout au point de vue de la psychologie génétique que nous nous placerons en cet ouvrage : si l'enfant présente un très grand intérêt en lui-même, il s'y ajoute, en effet, que l'enfant explique l'homme autant, et souvent plus, que l'homme n'explique l'enfant, car si celui-là éduque celui-ci par le moyen de multiples transmissions sociales, tout adulte, même créateur, a néanmoins commencé par être un enfant et cela aux temps préhistoriques aussi bien qu'aujourd'hui.

CHAPITRE PREMIER

LE NIVEAU SENSORI-MOTEUR

Si l'enfant explique en partie l'adulte, on peut dire aussi que chaque période du développement rend compte en partie des suivantes. Cela est particulièrement clair en ce qui concerne la période antérieure au langage. On peut l'appeler période « sensori-motrice » parce que, faute de fonction symbolique, le nourrisson ne présente encore ni pensée, ni affectivité liée à des représentations permettant d'évoquer les personnes ou les objets en leur absence. Mais malgré ces lacunes, le développement mental au cours des dix-huit premiers mois (1) de l'existence est particulièrement rapide et particulièrement important, car l'enfant élabore à ce niveau l'ensemble des substructures cognitives qui serviront de point de départ à ses constructions perceptives et intellectuelles ultérieures, ainsi qu'un certain nombre de réactions affectives élémentaires qui détermineront en partie son affectivité subséquente.

I. — L'intelligence sensori-motrice

Quels que soient les critères de l'intelligence que l'on adopte (tâtonnement dirigé selon Claparède, compréhension soudaine ou *insight* selon W. Köhler

---

(1) Notons une fois pour toutes que chacun des âges indiqués en cet ouvrage n'est jamais qu'un âge moyen et encore approximatif.

ou K. Bühler, coordination des moyens et des fins, etc.), tout le monde est d'accord pour admettre l'existence d'une intelligence avant le langage. Essentiellement pratique, c'est-à-dire tendant à des réussites et non pas à énoncer des vérités, cette intelligence n'en parvient pas moins à résoudre finalement un ensemble de problèmes d'action (atteindre des objets éloignés, cachés, etc.), en construisant un système complexe de schèmes d'assimilation, et à organiser le réel selon un ensemble de structures spatio-temporelles et causales. Or, faute de langage et de fonction symbolique, ces constructions s'effectuent en s'appuyant exclusivement sur des perceptions et des mouvements, donc par le moyen d'une coordination sensorimotrice des actions sans qu'intervienne la représentation ou la pensée.

1. **Stimulus-réponse et assimilation.** — Mais, s'il existe une intelligence sensori-motrice, il est fort difficile de préciser le moment où elle apparaît. Plus précisément la question n'a pas de sens, car sa solution dépend toujours du choix arbitraire d'un critère. Ce qui est donné en fait est une succession remarquablement continue de stades dont chacun marque un nouveau progrès partiel, jusqu'au moment où les conduites atteintes présentent des caractères que tel ou tel psychologue reconnaît comme étant ceux de l' « intelligence » (tous les auteurs étant d'accord en ce qui concerne l'attribution de ce qualificatif au dernier au moins de ces stades, entre 12 et 18 mois). C'est ainsi que des mouvements spontanés et du réflexe aux habitudes acquises et de celles-ci à l'intelligence il y a progression continue, le vrai problème étant d'atteindre le mécanisme de cette progression elle-même.

Pour beaucoup de psychologues ce mécanisme est celui de l'*association*, qui permet d'additionner par voie cumulative les conditionnements aux réflexes et bien d'autres acquisitions aux conditionnements eux-mêmes : toute acquisition, de la plus simple à la plus complexe, serait ainsi à concevoir comme une réponse aux stimuli extérieurs et comme une réponse dont le caractère associatif exprime une subordination pure et simple des liaisons acquises aux liaisons extérieures. L'un de nous (1) a supposé au contraire que ce mécanisme consistait en une *assimilation* (comparable à l'assimilation biologique au sens large), c'est-à-dire que toute liaison nouvelle est intégrée en un schématisme ou en une structure antérieure : l'activité organisatrice du sujet est alors à considérer comme aussi importante que les liaisons inhérentes aux stimuli extérieurs, car le sujet ne devient sensible à ceux-ci que dans la mesure où ils sont assimilables aux structures déjà construites, qu'ils modifieront et enrichiront en fonction des assimilations nouvelles. En d'autres termes l'associationnisme conçoit le schéma stimulus-réponse sous une forme unilatérale $S \to R$, tandis que le point de vue de l'assimilation suppose une réciprocité $S \rightleftarrows R$, ou, ce qui revient au même, l'intervention des activités du sujet ou de celles de l'organisme (2) Og, soit $S \to (Og) \to R$.

2. Le stade I.

— Le point de départ du développement n'est pas à chercher, en effet, dans les réflexes conçus comme de simples réponses isolées mais dans les activités spontanées et totales de l'organisme (étudiées par v. Holst, etc.) et dans le réflexe conçu à la fois comme une différenciation de celles-ci et comme pouvant en certains cas (ceux des réflexes qui se développent par exercice au lieu de s'atrophier ou de rester inchangés) présenter une activité fonctionnelle entraînant la formation de schèmes d'assimilation.

En effet, d'une part, on a montré, tant par l'étude des comportements animaux que par celle des ondes électriques du système nerveux, que l'organisme n'est jamais passif, mais présente des activités spontanées et globales, dont la forme est rythmique. D'autre part, l'analyse embryologique des réflexes (Coghill, etc.) a permis d'établir que ceux-ci se constituent par différenciation à partir d'activités plus globales : dans le cas des réflexes de locomotion des Batraciens, par exemple, c'est un rythme d'ensemble qui aboutit à une

---

(1) J. PIAGET, *La naissance de l'intelligence*, Delachaux & Niestlé, 1936.
(2) L'organisme *O* intervient déjà chez Hull à titre de variable intermédiaire, mais dans le sens d'une simple réduction des besoins et non pas d'une structure organisatrice *Og*.

succession de réflexes différenciés et coordonnés, et non pas ceux-ci qui conduisent à celui-là.

En ce qui concerne les réflexes du nouveau-né, il en résulte que ceux d'entre eux qui présentent une importance particulière pour l'avenir (les réflexes de succion, ou le réflexe palmaire qui sera intégré dans la préhension intentionnelle ultérieure) donnent lieu à ce que l'un de nous a appelé un « exercice réflexe », c'est-à-dire une consolidation par exercice fonctionnel. C'est ainsi que le nouveau-né tète de façon plus assurée, retrouve plus facilement le mamelon lorsqu'il a été lâché, etc., après quelques jours que lors des premiers essais (1). L'assimilation reproductrice ou fonctionnelle qui assure cet exercice se prolonge, d'autre part, en une assimilation généralisatrice (sucer à vide entre les repas ou sucer de nouveaux objets) en une assimilation récognitive (distinguer le mamelon de ces autres objets).

Sans qu'on puisse parler en ces cas d'acquisitions proprement dites, puisque l'exercice assimilateur ne dépasse pas alors le cadre préétabli du montage héréditaire, l'assimilation en jeu n'en remplit pas moins un rôle fondamental, car cette activité qui interdit de considérer le réflexe comme un pur automatisme, rend compte, d'autre part, des extensions ultérieures du schème réflexe et de la formation des premières habitudes. Dans l'exemple de la succion, on assiste, en effet, et parfois dès le second mois, à ce phénomène banal, mais non moins instructif, d'une succion du pouce, non pas fortuite ou accidentelle, comme cela peut se produire dès le premier jour, mais systématique par coordination des mouvements du bras, de la main et de la bouche. Là où les associationnistes ne voient qu'un effet de répétition (mais d'où vient-elle ici, puisqu'elle n'est pas imposée par des liaisons extérieures ?) et où les psychanalystes voient déjà une conduite symbolique, par assimilation représentative du pouce et du sein (mais d'où viendrait ce pouvoir symbolique ou évocateur bien avant la formation des premières images mentales ?), nous suggérons d'interpréter cette acquisition par une simple extension de l'assimilation sensori-motrice en jeu dès le réflexe. Précisons d'abord qu'il y a bien ici acquisition proprement dite, puisqu'il n'existe pas de réflexe ou d'instinct de sucer son pouce (l'apparition de cette conduite et sa fréquence sont en effet variables). Mais cette acquisition n'est pas quelconque : elle

---

(1) On observe de tels exercices réflexes chez les animaux également, comme dans les tâtonnements qui caractérisent les premiers essais de copulation chez les Limnées des étangs.

vient s'inscrire dans un schème réflexe déjà constitué et se borne à l'étendre par intégration d'éléments sensori-moteurs jusque-là indépendants de lui. Cette intégration caractérise déjà le stade II.

3. Le stade II. — C'est selon un tel modèle que se constituent les premières habitudes qui, elles, relèvent directement d'une activité du sujet, comme dans le cas précédent, ou paraissent imposées du dehors comme dans le cas des « conditionnements ». Un réflexe conditionné n'est, en effet, jamais stable par le jeu de ses seules associations et ne le devient que par la constitution d'un schème d'assimilation, c'est-à-dire lorsque le résultat atteint satisfait le besoin inhérent à l'assimilation considérée (comme chez le chien de Pavlov qui salive au son de la cloche tant que celui-ci est assimilé à un signal de nourriture, mais qui cesse de saliver si celle-ci ne suit plus jamais le signal).

Mais même en appelant « habitudes » (faute de mieux) les conduites acquises en leur formation aussi bien qu'en leurs résultats automatisés, l'habitude n'est pas encore l'intelligence. Une « habitude » élémentaire repose sur un schème sensori-moteur d'ensemble (1) au sein duquel il n'existe pas encore, du point de vue du sujet, de différenciation entre les moyens et les buts, le but en jeu n'étant atteint que par une succession obligée de mouvements qui y conduisent sans que l'on puisse, aux débuts de la conduite, distinguer un but poursuivi au préalable et, ensuite, des moyens choisis parmi divers schèmes possibles. En un acte d'intelligence, par contre, il y a poursuite d'un but posé dès le départ, puis recherche des moyens appropriés, ces moyens étant fournis par les schèmes connus (ou schèmes d'« habitudes »), mais en tant que déjà différenciés du schème initial qui assignait son but à l'action.

4. Le stade III. — Or, le grand intérêt du développement des actions sensori-motrices au cours de la première année de l'enfant est que, non seulement il conduit à des apprentissages

_____

(1) Un schème est la structure ou l'organisation des actions, telles qu'elles se transfèrent ou se généralisent lors de la répétition de cette action en des circonstances semblables ou analogues.

élémentaires, sources de simples habitudes, au niveau où ne s'observe pas encore une intelligence proprement dite, mais il fournit aussi une série continue d'intermédiaires entre ces deux variétés de réactions. C'est ainsi qu'après le stade des réflexes (I) et celui des premières habitudes (II) un troisième stade (III) présente les transitions suivantes à partir du moment, vers 4 mois 1/2 en moyenne, où il y a coordination entre la vision et la préhension (le bébé saisissant et manipulant tout ce qu'il voit dans son espace proche). Un sujet de cet âge attrape par exemple un cordon pendant du toit de son berceau, ce qui a pour effet de secouer tous les hochets suspendus au-dessus de lui. Il répète aussitôt une série de fois le geste à résultats inattendus, ce qui constitue une « réaction circulaire » au sens de J. M. Baldwin, donc une habitude à l'état naissant, sans but préalable différencié des moyens employés. Mais dans la suite il suffit de suspendre un nouveau jouet à la toiture pour que l'enfant cherche le cordon, ce qui constitue un début de différenciation entre le but et le moyen. Les jours suivants, lorsqu'on balancera un objet suspendu à une perche, à 2 m du berceau, etc., et même lorsqu'on fera entendre quelques sons inattendus et mécaniques derrière un paravent, et que ces spectacles ou cette musique prendront fin, l'enfant cherchera et tirera à nouveau le cordon magique : nous sommes donc cette fois au seuil de l'intelligence, si étrange que soit cette causalité sans contact spatial.

5. Les stades IV et V.

En un quatrième stade (IV), on observe des actes plus complets d'intelligence pratique. Un but préalable s'impose au sujet, indépendamment des moyens qu'il va employer : par exemple, atteindre un objet trop éloigné ou qui vient de disparaître sous un linge ou un coussin. Ces moyens sont, ensuite seulement, essayés ou recherchés, et cela d'emblée à titre de moyens : par exemple, saisir la main d'un adulte et l'engager dans la direction de l'objet à atteindre, ou soulever l'écran qui masque l'objet caché. Mais, au cours de ce quatrième stade, si la coordination des moyens et des buts est nouvelle et se renouvelle en chaque situation imprévue (sans quoi il n'y aurait pas intelligence), les moyens employés ne sont empruntés qu'à des schèmes d'assimilation connus (dans le cas de l'objet caché et retrouvé, la combinaison est également nouvelle, comme on le verra au § II, mais le fait de saisir et de déplacer un coussin ne correspond qu'à un schème habituel).

Au cours d'un cinquième stade (V), débutant vers 11-12 mois, il s'ajoute aux conduites précédentes une réaction essentielle : la recherche de moyens nouveaux par différenciation des schèmes connus. On peut citer à cet égard ce que nous appellerons la conduite du support : un objet trop éloigné étant posé sur un tapis, l'enfant, après avoir essayé en vain d'atteindre directement l'objectif, peut en venir à saisir un coin du tapis (par hasard ou par suppléance) et, observant alors une relation entre les mouvements du tapis et ceux de l'objet, il en arrive peu à peu à tirer le tapis pour atteindre l'objet. Une découverte analogue caractérise la conduite de la ficelle, étudiée par K. Bühler et bien d'autres ensuite : amener à soi l'objectif en tirant sur la ficelle à laquelle il est relié.

6. Le stade VI. — Enfin, un sixième stade marque la fin de la période sensori-motrice et la transition avec la période suivante : l'enfant devient capable de trouver des moyens nouveaux non plus seulement par tâtonnements extérieurs ou matériels, mais par combinaisons intériorisées qui aboutissent à une compréhension soudaine ou *insight*. Par exemple, l'enfant mis en présence d'une boîte d'allumettes à peine entrouverte dans laquelle on a placé un dé essaye d'abord par tâtonnements matériels d'ouvrir la boîte (réaction du cinquième stade), mais, après échec, il présente cette réaction très nouvelle d'un arrêt de l'action et d'un examen attentif de la situation (au cours duquel il ouvre et ferme lentement la bouche, ou, chez un autre sujet, la main, comme pour imiter le résultat à atteindre, c'est-à-dire l'agrandissement de l'ouverture) : après quoi, brusquement, il glisse son doigt dans la fente et parvient ainsi à ouvrir la boîte.

C'est à ce même stade qu'est en général découverte la célèbre conduite du bâton, étudiée par W. Köhler chez les Chimpanzés, puis par d'autres chez le bébé. Mais W. Köhler, comme K. Bühler, considère qu'il y a acte d'intelligence dans le cas seulement où il y a compréhension brusque, en écartant le tâtonnement du domaine de cette intelligence pour le classer dans les conduites de suppléance ou de « Dressur », etc. Claparède au contraire voyait dans le tâtonnement le critère de l'intelligence, en attribuant la naissance des hypothèses elles-mêmes à un tâtonnement intériorisé. Ce critère est assurément trop large, puisqu'il y a tâtonnement dès le réflexe et la formation des habitudes. Mais le critère de l'*insight* est certainement trop étroit, car c'est grâce à une suite ininterrompue d'assimilations de divers niveaux (I à V) que les schèmes sensori-moteurs deviennent susceptibles de ces combinaisons nouvelles et de ces intériorisations qui rendent finalement possible la compréhension immédiate en certaines situations. Ce dernier niveau (VI) ne saurait donc être détaché de ceux dont il marque simplement l'achèvement.

II. — La construction du réel (1)

Le système des schèmes d'assimilation sensori-moteurs aboutit à une sorte de logique de l'action, comportant des mises en relations et en correspondances (fonctions), des emboîtements de schèmes (cf. la logique des classes), bref des structures d'ordre et de réunions qui constituent la substructure des opérations futures de la pensée. Mais l'intelligence sensori-motrice conduit à un résultat tout aussi important en ce qui concerne la structuration de l'univers du sujet, si restreint soit-il à ce niveau pratique : elle organise le réel en construisant, par son fonctionnement même, les grandes catégories de l'action que sont les schèmes de l'objet permanent, de l'espace, du temps et de la

---

(1) J. PIAGET, *La construction du réel chez l'enfant*, Delachaux & Niestlé, 1937.

causalité, substructures des futures notions correspondantes. Aucune de ces catégories n'est donnée
au départ et l'univers initial est entièrement centré
sur le corps et l'action propres en un égocentrisme
aussi total qu'inconscient de lui-même (faute d'une
conscience du moi). Au cours des dix-huit premiers
mois s'effectue au contraire une sorte de révolution
copernicienne ou plus simplement dit de décentration générale, telle que l'enfant finit par se situer
comme un objet parmi les autres en un univers
formé d'objets permanents, structuré de façon spatio-temporelle et siège d'une causalité à la fois
spatialisée et objectivée dans les choses.

1. **L'objet permanent.** — Cet univers pratique élaboré dès
la seconde année est d'abord formé d'objets permanents.
Or, l'univers initial est un monde sans objets ne consistant
qu'en « tableaux » mouvants et inconsistants, qui apparaissent
puis se résorbent totalement, soit sans retour, soit en réappa-
raissant sous une forme modifiée ou analogue. Vers 5-7 mois
(stade III du § I), quand l'enfant va saisir un objet et qu'on
recouvre celui-ci d'un linge ou qu'on le fait passer derrière
un écran, l'enfant retire simplement sa main déjà tendue ou,
s'il s'agit d'un objet d'intérêt spécial (le biberon, etc.), se
met à pleurer ou à hurler de déception : il réagit donc comme
si l'objet s'était résorbé. On répondra peut-être qu'il sait bien
que l'objet existe toujours là où il a disparu, mais ne parvient
simplement pas à résoudre le problème de le rechercher et de
soulever l'écran. Mais lorsqu'il commence à chercher sous
l'écran (voir le stade IV du § I), on peut faire le contrôle
suivant : cacher l'objet en *A* à la droite de l'enfant, qui le
recherche et le trouve, puis, sous ses yeux, déplacer et cacher
l'objet en *B*, à la gauche de l'enfant : lorsque celui-ci a vu
l'objet disparaître en *B* (sous un coussin, etc.), il arrive alors
souvent qu'il le recherche en *A* comme si la position de l'objet
dépendait des actions antérieurement réussies et non pas
de ses déplacements autonomes et indépendants de l'action
propre. Au stade V (9-10 mois) l'objet est recherché par contre
en fonction de ses seuls déplacements, sauf s'ils sont trop
complexes (emboîtements d'écrans) et au stade VI il s'y
ajoute un jeu d'inférences parvenant à maîtriser certaines
combinaisons (soulever un coussin et ne trouver en dessous

qu'un autre écran imprévu, qui est alors immédiatement
enlevé) (1).

La conservation de l'objet est, entre autre,
fonction de sa localisation. Ce fait montre d'emblée
que la construction du schème de l'objet permanent
est solidaire de toute l'organisation spatio-temporelle de l'univers pratique, ainsi, naturellement, que
de sa structuration causale.

2. **L'espace et le temps.** — A commencer par
les structures spatio-temporelles, on constate qu'au
début n'existent ni un espace unique ni un ordre
temporel englobant les objets et les événements
comme des contenants englobent leurs contenus.
Ne sont donnés qu'un ensemble d'espaces hété-
rogènes, tous centrés sur le corps propre : espaces
buccal (Stern), tactile, visuel, auditif, postural ; et
que certaines impressions temporelles (attente, etc.),
mais sans coordinations objectives. Ces espaces se
coordonnent ensuite progressivement (buccal et
tactilo-kinesthésique), mais ces coordinations demeurent longtemps partielles tant que la construction
du schème de l'objet permanent ne conduit pas à la
distinction fondamentale, que H. Poincaré considérait à tort comme primitive (2), des changements

(1) Ces résultats obtenus par l'un de nous ont été confirmés
depuis par Th. Gouin-Décarie à Montréal (sur 90 sujets) et par
S. Escalona à New York. Cette dernière a noté que l'objet caché
dans la main est recherché plus tardivement que sous un écran
extérieur (autrement dit la résorption sans localisation l'emporte
alors plus longtemps sur la permanence substantielle et spatiale).
H. Gruber, d'autre part, a dirigé une recherche sur le même problème
chez les petits chats : ceux-ci passent en gros par les mêmes stades
mais aboutissent à un début de permanence dès 3 mois. L'enfant
de l'homme, sur ce point comme sur bien d'autres, est donc en retard
sur celui de l'animal, mais ce retard témoigne d'assimilations plus
poussées, puisque, dans la suite, le premier parvient à dépasser
largement le second.
(2) Poincaré a eu le grand mérite de prévoir que l'organisation de
l'espace était liée à la construction du « groupe des déplacements »,
mais, ne faisant pas de psychologie, il a considéré celui-ci comme
a priori au lieu d'y voir le produit d'une construction progressive.

d'état, ou modifications physiques, et des changements de position, ou déplacements constitutifs
de l'espace.

En solidarité avec les conduites de localisation et de recherche de l'objet permanent, les déplacements s'organisent enfin
(stades V et VI) en une structure fondamentale, qui constitue
la charpente de l'espace pratique, en attendant de servir de
base, une fois intériorisée, aux opérations de la métrique
euclidienne : c'est ce que les géomètres appellent le « groupe
des déplacements » et dont la signification psychologique est
la suivante : *a)* Un déplacement *AB* et un déplacement *BC*
peuvent se coordonner en un seul déplacement *AC*, qui fait
encore partie du système (1) ; *b)* Tout déplacement *AB* peut
être inversé en *BA*, d'où la conduite du « retour » au point de
départ ; *c)* La composition du déplacement *AB* et de son
inverse *BA* donne le déplacement nul *AA* ; *d)* Les déplacements sont associatifs, c'est-à-dire que, dans la suite *ABCD*,
on a *AB + BD = AC + CD* : cela signifie qu'un même
point *D* peut être atteint à partir de *A* par des chemins différents (si les segments *AB*, *BC*, etc., ne sont pas en ligne
droite), ce qui constitue la conduite du « détour » dont on sait
le caractère tardif (stades V et VI chez l'enfant, conduite
comprise par les Chimpanzés mais ignorée des poules, etc.).

En corrélation avec cette organisation des positions et des
déplacements dans l'espace se constituent naturellement des
séries temporelles objectives, puisque, dans le cas du groupe
pratique des déplacements, ceux-ci s'effectuent matériellement de proche en proche et l'un après l'autre, par opposition
aux notions abstraites que construira plus tard la pensée et
qui permettront une représentation d'ensemble simultanée et
de plus en plus extra-temporelle.

3. La causalité.

3. La causalité. — Le système des objets permanents et de leurs déplacements est, d'autre part,
indissociable d'une structuration causale, car le
propre d'un objet est d'être la source, le siège ou le
résultat d'actions diverses dont les liaisons constituent la catégorie de la causalité.

---

(1) Le trajet *AC* pouvant ne pas passer par *B* si *AB* et *BC* ne
sont pas en ligne droite.

Mais, en parallèle complet avec le développement des schèmes précédents, la causalité ne devient objective et adéquate qu'au terme d'une longue évolution, dont les phases initiales sont centrées sur l'action propre et ignorent encore les liaisons spatiales et physiques inhérentes aux schèmes causals matériels. Au stade III encore (cf. § I), alors que le nourrisson parvient déjà à sourire à ce qu'il voit et à manipuler les objets selon des schèmes divers (déplacer, balancer, frapper, frotter, etc.), il ne connaît encore comme cause unique que son action propre, indépendamment même des contacts spatiaux. Dans l'observation du cordon qui pend du toit du berceau (§ I-4), le bébé ne situe pas dans le cordon la cause du mouvement des hochets suspendus, mais bien dans l'action globale de « tirer le cordon », ce qui est tout autre chose : preuve en soit qu'il continue à tirer le cordon pour agir sur des objets situés à 2 m de distance, ou pour agir sur des sons, etc. De même, d'autres sujets de ce niveau III se cambrent et se laissent retomber pour secouer leur berceau, mais aussi pour agir sur des objets à distance, ou, plus tard, clignent des yeux devant un commutateur pour allumer une lampe électrique, etc.

Une telle causalité initiale peut être appelée magico-phénoméniste, phénoméniste parce que n'importe quoi peut produire n'importe quoi selon les liaisons antérieures observées, et « magique » parce qu'elle est centrée sur l'action du sujet sans considération des contacts spatiaux. Le premier de ces deux aspects rappelle l'interprétation de la causalité par Hume, mais avec centration exclusive sur l'action propre. Le second aspect rappelle les conceptions de Maine de Biran, mais il n'y a ici ni conscience du moi ni délimitation entre celui-ci et le monde extérieur.

Au fur et à mesure, par contre, que l'univers est structuré par l'intelligence sensori-motrice selon une organisation spatio-temporelle et par la constitution d'objets permanents, la causalité s'objective et se spatialise, c'est-à-dire que les causes reconnues par le sujet ne sont plus situées dans la seule action propre, mais dans des objets quelconques, et que les rapports de cause à effet entre deux objets ou leurs actions supposent un contact physique et spatial. Dans les conduites du support,

de la ficelle et du bâton (§ I, stades V et VI), il est clair, par
exemple, que les mouvements du tapis, de la ficelle ou du
bâton sont censés agir sur ceux de l'objet (indépendamment
de l'auteur du déplacement), et cela à la condition qu'il y ait
contact : si l'objet est posé à côté du tapis et non pas sur lui,
l'enfant du stade V ne tirera pas le support, tandis que celui
des stades III ou encore IV que l'on aura dressé à se servir
du support (ou qui aura découvert son rôle par hasard) tirera
encore le tapis si l'objet désiré ne soutient pas avec lui la
relation spatiale « posé sur ».

III. — L'aspect cognitif
des réactions sensori-motrices

Si l'on compare les phases de cette construction
du réel à celles de la construction des schèmes
sensori-moteurs intervenant dans le fonctionnement
des réflexes, des habitudes ou de l'intelligence elle-
même, on constate l'existence d'une loi de développement qui présente quelque importance, parce
qu'elle commandera également toute l'évolution
intellectuelle ultérieure de l'enfant.

Le schématisme sensori-moteur se manifeste, en
effet, sous trois grandes formes successives (les
précédentes ne disparaissant d'ailleurs que lorsque
apparaissent les suivantes) :

a) Les formes initiales sont constituées par des structures
de *rythmes*, telles qu'on les observe dans les mouvements
spontanés et globaux de l'organisme, dont les réflexes ne sont
sans doute que des différenciations progressives. Les réflexes
particuliers eux-mêmes relèvent d'ailleurs encore de la structure de rythme, non pas seulement dans leurs agencements
complexes (succion, locomotion), mais parce que leur déroulement conduit d'un état initial X à un état final Z pour recom-
mencer ensuite dans le même ordre (immédiatement ou de
façon différée) ;

b) Viennent ensuite des *régulations* diverses qui différencient
les rythmes initiaux selon des schèmes multiples. La forme la
plus courante de ces régulations est le contrôle par tâtonnements intervenant dans la formation des premières habitudes
(les « réactions circulaires » assurent à cet égard la transition

entre le rythme et les régulations) et dans les premiers actes
d'intelligence. Ces régulations, dont les modèles cybernétiques
comportent des systèmes de boucles, ou *feedbacks*, atteignent
ainsi une semi-réversibilité, ou réversibilité approchée, par
l'effet rétroactif des corrections progressives ;

c) Apparaît enfin un début de *réversibilité*, source des
futures « opérations » de la pensée, mais déjà à l'œuvre au
niveau sensori-moteur dès la constitution du groupe pratique
des déplacements (chaque déplacement *AB* comporte alors
un déplacement inverse *BA*). Le produit le plus immédiat
des structures réversibles est la constitution de notions de
conservation ou d'invariants de « groupes ». Au niveau sensori-
moteur déjà, l'organisation réversible des déplacements entraîne l'élaboration d'un tel invariant, sous les espèces du
schème de l'objet permanent. Mais il va de soi que, au présent
niveau, ni cette réversibilité en action ni cette conservation
ne sont encore complètes faute de représentation.

Si les structures de rythme n'apparaissent plus aux niveaux
représentatifs ultérieurs (de 2 à 15 ans), toute l'évolution de la
pensée sera dominée, on le verra plus loin, par un passage
général des régulations à la réversibilité intériorisée ou opératoire, c'est-à-dire à la réversibilité proprement dite.

IV. — L'aspect affectif
des réactions sensori-motrices

L'aspect cognitif des conduites consiste en leur
structuration et l'aspect affectif en leur énergétique (ou comme disait P. Janet en leur « écono-
mie »). Ces deux aspects sont à la fois irréductibles,
indissociables et complémentaires : il ne faut donc
pas s'étonner de trouver un parallélisme remarquable entre leurs évolutions respectives. D'une
manière générale, en effet, tandis que le schématisme cognitif passe d'un état initial centré sur
l'action propre à la construction d'un univers
objectif et décentré, l'affectivité des mêmes niveaux
sensori-moteurs procède d'un état d'indifférenciation entre le moi et l'entourage physique et humain
pour construire ensuite un ensemble d'échanges

entre le moi différencié et les personnes (sentiments inter-individuels) ou les choses (intérêts variés selon les niveaux).

Mais l'étude de l'affectivité du nourrisson est bien plus difficile que celle de ses fonctions cognitives, car le risque de l'adultomorphisme y est bien plus grand. La plupart des travaux connus sont de nature psychanalytique et ils se sont longtemps contentés d'une reconstitution des stades élémentaires à partir de la psychopathologie adulte. Avec R. Spitz, K. Wolf et Th. Gouin-Décarie, la psychanalyse du bébé s'est par contre faite expérimentale et avec les recherches actuelles de S. Escalona, d'inspiration à la fois psychanalytique et lewinienne, elle se libère du détail des cadres freudiens pour atteindre le niveau de l'analyse et du contrôle objectifs.

1. L'adualisme initial. — Les affects propres aux deux premiers stades (I-II du § I) s'inscrivent dans un contexte déjà décrit par J. M. Baldwin sous le nom d' « adualisme », dans lequel il n'existe sans doute encore aucune conscience du moi, c'est-à-dire aucune frontière entre le monde intérieur ou vécu et l'ensemble des réalités extérieures. Dans la suite, Freud a parlé de narcissisme, mais sans apercevoir suffisamment qu'il s'agissait d'un narcissisme sans Narcisse. Anna Freud a depuis lors précisé ce concept de « narcissisme primaire » dans le sens d'une indifférenciation initiale entre le moi et l'autrui. Wallon décrit cette même indifférenciation en termes de symbiose, mais il reste important de spécifier que, dans la mesure même où le moi reste inconscient de lui-même, donc indifférencié, toute l'affectivité demeure centrée sur le corps et l'action propres, puisque seule une dissociation du moi et de l'autrui ou du non-moi permet la décentration affective comme cognitive. C'est pourquoi l'intention contenue dans la notion de narcissisme reste valable à condition de préciser qu'il ne s'agit pas d'une centration consciente sur

un moi par ailleurs identique à ce qu'il deviendra une fois élaboré, mais d'une centration inconsciente par indifférenciation.

Cela dit, les affects observables dans ce contexte adualistique relèvent d'abord de rythmes généraux correspondant à ceux des activités spontanées et globales de l'organisme (§ I) : alternances entre les états de tension et de détente, etc. Ces rythmes se différencient en recherches des stimuli agréables et en tendances à éviter les désagréables.

L'un des symptômes les plus étudiés de la satisfaction est le sourire, qui a donné lieu à de multiples interprétations. Ch. Bühler et Kaila y voyaient une réaction spécifique à la personne humaine. Mais, d'une part, on observe au début une sorte de sourire physiologique tôt après la tétée, sans aucun stimulus visuel. D'autre part, l'un de nous a noté des sourires très précoces en présence d'objets en mouvement. La réaction à la figure humaine a été étudiée au moyen de masques plus ou moins complets (yeux et front sans la bouche, etc.) analogues aux « leurres » dont se servent les éthologistes de l'école de Tinbergen et Lorenz pour analyser les déclencheurs perceptifs des mécanismes innés. On a observé à cet égard que les yeux et la partie supérieure du visage jouent un rôle prépondérant, et certains auteurs (Bowlby) considèrent ces stimuli comme analogues aux déclencheurs héréditaires *(IRM)* (1). Mais avec Spitz (2) et Wolf, il est plus prudent de ne voir dans le sourire qu'un signe de la reconnaissance d'un complexe de stimuli dans un contexte de satisfaction des besoins. Il n'y aurait donc pas dès le début reconnaissance de la personne d'autrui, mais, le sourire de l'enfant étant très fréquemment provoqué, entretenu, renforcé ou « gratifié » par le sourire du partenaire humain, il devient plus ou moins rapidement un instrument d'échange ou de contagion, et par conséquent peu à peu un moyen de différenciation des personnes et des choses (les premières n'étant longtemps que ces centres particulièrement actifs et imprévus, assimilés en fonction des réactions propres sans différenciation nette d'avec les choses).

2. **Réactions intermédiaires.** — Au cours des stades III et IV on assiste de façon générale, en

---

(1) *IRM* = *innate releasing mechanisms.*
(2) R. Spitz, *La première année de la vie de l'enfant* ; *Genèse des premières relations objectales*, Paris, 1958.

fonction de la complexité croissante des conduites, à une multiplication des satisfactions psychologiques venant s'ajouter aux satisfactions organiques. Mais si les sources d'intérêt se diversifient ainsi, on observe également des états nouveaux en présence de l'inconnu, de mieux en mieux différenciés du connu : inquiétudes en présence de personnes étrangères au milieu (Spitz), réactions à l'étrangeté des situations (Meili), etc., et plus ou moins grande tolérance au *stress*, cette tolérance s'accroissant si le conflit se produit dans un contexte de contacts par ailleurs agréables.

Le contact avec les personnes devient ainsi de plus en plus important, annonçant un passage de la contagion à la communication (Escalona). En effet, avant que se construisent de façon complémentaire le moi et l'autrui ainsi que leurs interactions, on assiste à l'élaboration de tout un système d'échanges grâce à l'imitation, à la lecture des indices gestuels et des mimiques. L'enfant en vient dès lors à réagir aux personnes de façon de plus en plus spécifique, parce qu'elles agissent autrement que les choses et qu'elles agissent selon des schèmes qui peuvent être mis en relation avec ceux de l'action propre. Il s'établit même, tôt ou tard, une sorte de causalité relative aux personnes, en tant qu'elles procurent plaisir, réconfort, apaisement, sécurité, etc.

Mais il est essentiel de comprendre que l'ensemble de ces progrès affectifs est solidaire de la structuration générale des conduites. « Mes faits, conclut ainsi Escalona, suggèrent la possibilité d'étendre à tous les aspects adaptatifs du fonctionnement mental ce que Piaget propose pour la « cognition » : l'émergence de fonctions telles que la communication, la modulation des affects, le contrôle des excitations, la possibilité de différer les réactions *(delay)*, certains aspects des relations objectales comme l'identification, sont en tous ces cas le résultat des séquences du développement sensori-moteur avant que les fonctions soient rattachées à un *ego* en un sens plus restreint » (1).

(1) S. K. Escalona, Patterns of infantile experience and the developmental process, *The psychoanal. Study of the Child*, vol. XVIII (1963), p. 198.

3. Les relations « objectales ». — Au cours des stades V et VI (avec préparation dès le stade IV), on assiste à ce que Freud appelait un « choix de l'objet » affectif et qu'il considérait comme un transfert de la « libido » à partir du moi narcissique sur la personne des parents. Les psychanalystes parlent aujourd'hui de « relations objectales » et depuis que, en leur école, Hartmann et Rapaport ont insisté sur l'autonomie du moi par rapport à la libido, ils conçoivent l'apparition de ces relations objectales comme marquant la double constitution d'un moi différencié d'autrui, et d'un autrui devenant objet d'affectivité. J. M. Baldwin avait déjà insisté depuis longtemps sur le rôle de l'imitation dans l'élaboration du moi, ce qui atteste la solidarité et la complémentarité des formations de l'*ego* et de l'*alter*.

Les problèmes sont alors de comprendre les raisons pour lesquelles cette décentration de l'affectivité sur la personne d'autrui, en tant à la fois que distincte et analogue au moi qui se découvre en référence avec elle, se produit à ce niveau du développement et surtout de comprendre de quelle manière s'effectue cette décentration. Nous avons donc supposé que cette décentration affective était corrélative de la décentration cognitive, non pas que l'une domine l'autre, mais parce que toutes deux se produisent en fonction d'un même processus d'ensemble. En effet, dans la mesure où l'enfant cesse de tout rapporter à ses états et à son action propre, pour substituer à un monde de tableaux fluctuants, sans consistance spatio-temporelle ni causalité extérieure ou physique, un univers d'objets permanents, structuré selon ses groupes de déplacements spatio-temporels et selon une causalité objectivée et spatialisée, il va de soi que son affectivité s'attachera également à ces objets permanents localisables et sources de causalité extérieure que deviennent les personnes. D'où la constitution des « relations objectales » en étroite liaison avec le schème des objets permanents.

Cette hypothèse, très vraisemblable mais non prouvée pour autant, a été vérifiée récemment par Th. Gouin-Décarie (1).

(1) Th. GOUIN-DÉCARIE, *Intelligence et affectivité chez le jeune enfant*, Delachaux & Niestlé, 1962.

Cette psychologue canadienne a, comme on l'a vu (§ II), contrôlé
sur 90 sujets le déroulement régulier des étapes de la formation
du schème de l'objet. Mais elle a, sur les mêmes sujets, analysé
les réactions affectives en fonction d'une échelle portant sur les
« relations objectales » (l'évolution observée ainsi est nette
quoique moins régulière que celle des réactions cognitives).
Ces deux sortes de matériaux ainsi recueillis, Th. Gouin a pu
montrer l'existence d'une corrélation significative entre eux (1),
les étapes de l'affectivité correspondant dans les grandes
lignes pour chaque groupe de sujets à celles de la construction
de l'objet (2).

Ces diverses corrélations cognitivo-affectives et interactions
interindividuelles sont enfin de nature à nuancer les conclusions
à tirer des réactions à l'hospitalisme. On sait que, sous ce terme,
les psychanalystes Spitz puis Goldfarb, Bowlby, etc., ont
étudié les effets de la séparation d'avec la mère, de la carence
maternelle et de l'éducation en des institutions hospitalières.
Les faits recueillis ont montré l'existence de retards systématiques (et d'ailleurs électifs) de développement ou même
d'arrêts et de régressions en cas de séparation durable. Mais,
ici encore, il faut tenir compte de l'ensemble des facteurs : ce
n'est pas nécessairement l'élément maternel en tant qu'affec-
tivement spécialisé (au sens freudien) qui joue le rôle principal,
mais le manque d'interactions stimulatrices ; or celles-ci
peuvent être liées à la mère non pas en tant seulement que
mère, mais en tant que s'est créé un mode d'échange particulier entre telle personne, avec son caractère, et tel enfant,
avec le sien.

---

(1) J. ANTONY, de même, a montré l'existence de lacunes dans
le schème de l'objet permanent chez des enfants psychotiques
présentant des troubles des relations objectales. Voir : Six appli-
cations de la théorie génétique de Piaget à la théorie et à la pratique
psychodynamique, *Revue suisse de Psychologie*, XV, n° 4, 1956.
(2) Il reste à noter que, dans la mesure où de telles corrélations
se vérifient, c'est-à-dire où l'affectivité est solidaire de l'ensemble
de la conduite sans consister ni en une cause ni en un effet des structurations cognitives, le facteur essentiel dans les relations objectales
est la relation comme telle entre le sujet et l'objet affectif : c'est
donc l'interaction entre eux et non pas essentiellement le facteur
« mère » agissant comme variable indépendante, ainsi que le suppose
encore la psychanalyse néo-freudienne. Comme l'a bien montré
S. Escalona, que ses fines observations de psychologie individuelle
et différentielle ont conduite à une position plus relativiste, une
même partenaire maternelle provoque des résultats différents selon
le comportement général de l'enfant, de même que des enfants
différents déclenchent des réactions distinctes chez la même mère.

Chapitre II

LE DÉVELOPPEMENT DES PERCEPTIONS

En ce qui concerne le développement des fonctions cognitives chez l'enfant, le chapitre Ier nous a fait entrevoir, et les suivants le confirmeront, que les structures sensori-motrices constituent la source des opérations ultérieures de la pensée. Cela signifie donc que l'intelligence procède de l'action en son ensemble, en tant que transformant les objets et le réel, et que la connaissance, dont on peut suivre la formation chez l'enfant, est essentiellement assimilation active et opératoire.

Or, la tradition empiriste, qui a eu tant d'influence sur une certaine pédagogie, considère au contraire la connaissance comme une sorte de copie du réel, l'intelligence étant alors censée tirer ses origines de la perception seule (pour ne plus parler de sensations). Même le grand Leibniz, qui défendait l'intelligence contre le sensualisme (en ajoutant *nisi ipse intellectus* à l'adage *nil est in intellectu quod non prius fuerit in sensu*), accepte l'idée que, si les formes des notions, jugements et raisonnements ne dérivent pas des « sens », leurs contenus en procèdent intégralement : comme s'il n'existait dans la vie mentale que les sensations et la raison... en oubliant l'action !

Il est donc indispensable, pour comprendre le développement de l'enfant, d'examiner l'évolution de ses perceptions après avoir rappelé le rôle des structures ou du schématisme sensori-moteurs. La perception constitue, en effet, un cas particulier des activités sensori-motrices. Mais son caractère particulier consiste en ceci qu'elle relève de l'aspect figuratif de la connaissance du réel, tandis que l'action en son ensemble (et déjà en tant qu'action sensori-motrice) est essentiellement opérative et transforme le réel. Il importe alors, et c'est même là une question capitale, de déterminer le rôle des perceptions dans l'évolution intellectuelle de l'enfant, par rapport à celui de l'action ou des opérations qui en dérivent au cours des intériorisations et structurations ultérieures.

I. — Constances et causalité perceptives

Il conviendrait de commencer notre analyse par l'étude des perceptions dès la naissance et au cours de toute la période sensori-motrice. Très malheureusement, rien n'est plus difficile que d'atteindre les perceptions du nouveau-né et du nourrisson, faute de pouvoir soumettre ceux-ci à des expériences précises de laboratoire, et, si nous possédons quelques renseignements neurologiques sur le développement des organes sensoriels (1), ils ne nous suffisent nullement pour reconstituer ce que sont les perceptions elles-mêmes. Par contre, deux célèbres problèmes de perception peuvent être mis en relation avec les réactions sensori-motrices de la première année : celui des constances et celui de la causalité perceptive.

On appelle constance de la grandeur la perception de la grandeur réelle d'un objet situé à distance, indépendamment de son rapetissement apparent : la constance de la forme est la perception de la forme habituelle de l'objet (par exemple vu de face ou dans le plan fronto-parallèle, etc.) indépendamment de sa présentation perspective. Or, ces deux constances perceptives débutent sous une forme approximative dès la seconde moitié de la première année, pour s'affiner ensuite jusqu'à 10-12 ans et davantage (2). On peut donc se demander quelles sont leurs relations avec les schèmes sensori-moteurs, notamment avec celui de l'objet permanent.

1. **La constance de la forme.** — A commencer par la constance de la forme, l'un de nous (3) a constaté la parenté de

(1) C'est ainsi que selon W. E. Hunt les électro-rétinogrammes montrent que, quelques heures après la naissance, les récepteurs rétiniens sont déjà en état de fonctionnement (la myéline n'est pas nécessaire au fonctionnement mais sert à isoler les axones et correspond à des réactions électrophysiologiques plus mûres). Selon A. H. Keeney le développement postnatal de la fovéa et de l'aire péricentrale est très rapide pendant les quatre premiers mois. Ensuite il y a un changement graduel jusqu'à l'adolescence : en particulier la stratification des cônes augmente à partir d'une couche simple à la naissance à trois couches à 16 semaines, la profondeur maximale de 4 ou 5 n'étant achevée qu'à l'adolescence.
Selon J. L. Conel, durant une bonne partie de l'enfance, la région des lobes occipitaux qui reçoit une grande proportion de fibres à partir de la macula est moins bien développée à tous égards que les régions recevant les leurs de la périphérie de la rétine. Selon P. I. Yakolov la quantité de myéline le long des tractus nerveux s'accroît jusqu'à 16 ans.
(2) Sans parler de la « surconstance » des grandeurs, ou surestimation de la hauteur des objets éloignés, qui débute dès 8-9 ans et est assez générale chez l'adulte.
(3) J. PIAGET, *Les mécanismes perceptifs*, Presses Universitaires de France, 1961.

certaines de ses manifestations avec la permanence de l'objet. En présentant à un bébé de 7-8 mois son biberon à l'envers, il a constaté que l'enfant le retournait facilement s'il apercevait à l'arrière-plan une partie de la tétine de caoutchouc rouge, mais qu'il ne parvenait pas à ce redressement s'il ne voyait rien de la tétine et n'avait devant lui que la base blanche du biberon rempli de lait. Cet enfant n'attribuait donc pas au biberon une forme constante, mais dès le moment où, à 9 mois, il a commencé à rechercher les objets derrière les écrans, il est arrivé à retourner sans peine le biberon présenté à l'envers, comme si la permanence et la forme constante de l'objet étaient liées l'une à l'autre. On peut supposer qu'il intervient en ce cas une interaction entre la perception et le schème sensori-moteur, car la première ne suffit pas à expliquer le second (la recherche d'un objet disparu ne tient pas qu'à sa seule forme) ni le second la première.

2. **La constance des grandeurs.** — Quant à la constance des grandeurs, elle débute vers 6 mois : l'enfant, une fois dressé à choisir la plus grande de deux boîtes, continue de bien choisir si l'on éloigne cette plus grande et qu'elle correspond alors à une image rétinienne plus petite (Brunswik et Cruikshank, Misumi). Cette constance débute donc avant la constitution de l'objet permanent, mais après la coordination de la vision et de la préhension (vers 4 mois 1/2). Or, ce dernier fait est d'une certaine importance, car on peut se demander pourquoi il existe une constance perceptive des grandeurs, alors qu'elle disparaît au-delà d'une certaine distance entre l'objet et le sujet et que l'intelligence suffit alors à faire connaître la grandeur réelle des éléments rapetissés en apparence. La réponse est sans doute que la grandeur d'un objet est variable à la vision mais constante au toucher et que tout le développement sensori-moteur impose une mise en correspondance entre le clavier perceptif visuel et le clavier tactilo-kinesthésique. Ce ne serait donc pas par hasard que la constance des grandeurs débute après et non pas avant la coordination de la vision et de la préhension : quoique de nature perceptive elle dépendrait ainsi des schèmes sensori-moteurs d'ensemble (et, si elle peut favoriser dans la suite la permanence de l'objet, la constance des grandeurs en serait améliorée en retour, une fois cette permanence acquise).

3. **Objet permanent et perception.** — Ces deux premiers exemples tendaient donc à montrer l'irréductibilité du sensori-moteur par rapport au perceptif, puisque dans ces deux cas il semble que, si la perception rend naturellement des services

indispensables à l'activité sensori-motrice, la première est réciproquement enrichie par la seconde et ne saurait suffire ni à la constituer, ni à se constituer elle-même indépendamment de l'action. On a néanmoins cherché à rendre compte de la constitution de l'objet permanent par des facteurs perceptifs. Par exemple, Michotte voit dans cette permanence un produit des effets perceptifs appelés par lui « effet écran » (le passage d'un objet *A* sous un autre *B* se reconnaît, lorsque *A* est en partie masqué, à l'organisation des frontières selon les lois figure fond) et « effet tunnel » (lorsque *A* passe sous *B* à une vitesse constante perçue avant l'entrée on éprouve une impression perceptive mais non sensorielle de ses positions et on anticipe sa sortie). Mais la question est de savoir si le bébé présente ou non les effets « écran » et « tunnel » avant d'avoir construit la permanence de l'objet. Or, pour le second, l'expérience montre qu'il n'en est rien. On présente un mobile suivant la trajectoire *ABCD*, les segments *AB* et *CD* étant visibles, le segment *BC* situé sous un écran et le mobile sortant en *A* d'un autre écran pour entrer en *D* sous un troisième écran : en ce cas, l'enfant de 5-6 mois suit des yeux le trajet *AB* et, quand le mobile disparaît en *B*, il le recherche en *A* ; puis, étonné de le voir en *C*, il le suit des yeux de *C* à *D* mais, lorsque le mobile disparaît en *D*, il le cherche en *C* puis en *A* ! Autrement dit l'effet tunnel n'est pas primitif et ne se constitue qu'une fois acquise la permanence de l'objet : en ce cas un effet perceptif est donc nettement déterminé par les schèmes sensori-moteurs au lieu de les expliquer.

4. **La causalité perceptive.** — Rappelons enfin les expériences bien connues de Michotte sur la causalité perceptive. Lorsqu'un petit carré *A*, mis en mouvement, vient toucher un carré immobile *B* et que celui-ci se déplace, *A* restant immobile après l'impact, on éprouve une impression perceptive de *lancement* de *B* par *A* soumise à des conditions précises de vitesse et de relations spatiales ou temporelles (si *B* ne part pas immédiatement, l'impression causale s'efface et le mouvement de *B* paraît indépendant). On éprouve de même des impressions d'*entraînement* (si *A* continue sa marche derrière *B* après l'impact) et de *déclenchement* (si la vitesse de *B* est supérieure à celle de *A*).

Or Michotte a cherché à expliquer notre interprétation de la causalité sensori-motrice par sa causalité perceptive conçue comme plus primitive. Mais il y a à cela plusieurs difficultés. La première est que, jusqu'à 7 ans environ, l'enfant ne reconnaît le lancement que s'il a perçu un contact entre *A* et *B*, tandis que les sujets de 7-12 ans et l'adulte éprouvent une impression de « lancement à distance » s'il subsiste un intervalle perçu de 2-3 mm entre *A* et *B*. Or, la causalité sensori-motrice que nous avons appelée « magico-phénoméniste » (§ II) est précisément indépendante de tout contact spatial et ne peut donc pas dériver de la causalité perceptive, qui est soumise chez l'enfant à des conditions d'impact beaucoup plus exigeantes (1).

II. — Les effets de champ

A considérer maintenant les perceptions entre 4-5 et 12-15 ans, c'est-à-dire aux âges où les expériences de laboratoire sont possibles, on peut distinguer deux sortes de phénomènes perceptifs visuels : 1. Les effets de champ ou de centration qui ne supposent aucun mouvement (actuel) du regard et sont visibles en un seul champ de centration, comme on peut le contrôler au tachistoscope à de très courtes durées de présentation (2/100 à 1-2/10 de seconde, ce qui exclut les changements de fixation) ; 2. Les activités perceptives qui supposent des déplacements du regard dans l'espace ou des comparaisons dans le temps orientés tous deux par une recherche active du sujet : exploration, transport (de ce qui est vu en *X* sur ce qui est vu en *Y*) dans l'espace ou dans le temps, transposition d'un ensemble de rapports, anticipations, mise en références des directions, etc.

Les activités perceptives se développent naturellement avec l'âge, en nombre et en qualité : un enfant de 9-10 ans tiendra compte de références et de directions (coordonnées perceptives) qui sont négligées à 5-6 ans ; il explorera mieux les figures, anticipera davantage, etc. En principe les activités perceptives rendent la perception plus adéquate et corrigent les« illusions» ou déformations systématiques propres aux effets de champ. Mais, en créant de nouveaux rapprochements, elles

(1) D'autre part, la causalité perceptive visuelle est caractérisée par des impressions de choc, de poussée, de résistance, de poids, etc. (quand le carré *B* se déplace plus lentement que *A*, il paraît plus ‹ lourd › et plus résistant qu'à la même vitesse), qui n'ont rien d'authentiquement visuel. En ce cas, comme en bien d'autres, il s'agit donc d'impressions d'origine tactilo-kinesthésique mais ultérieurement traduites en termes visuels correspondants. En effet, il existe une causalité perceptive tactilo-kinesthésique, que Michotte considère lui-même comme génétiquement antérieure à la causalité visuelle. Or, la causalité perceptive tactilo-kinesthésique dépend de l'action entière, car les seules causes connues tactilement sont les actions de poussée, etc., émanant du corps propre. Il semble donc évident, en cet exemple encore, que c'est le schématisme sensori-moteur en son ensemble qui détermine les mécanismes perceptifs au lieu d'en résulter.

peuvent engendrer de nouvelles erreurs systématiques qui augmentent alors avec l'âge (au moins jusqu'à un certain niveau) (1).

Les effets de champ demeurent qualitativement les mêmes à tout âge, sauf qu'il peut s'en constituer tôt ou tard de nouveaux, par sédimentation d'activités perceptives. Ils fournissent des perceptions approximativement adéquates, mais approximativement seulement, parce qu'une perception immédiate est le produit d'un échantillonnage de nature probabiliste. En regardant une configuration, même très simple, on ne voit en effet pas tout avec la même précision, et surtout pas tout à la fois : le regard se pose sur un point ou sur un autre et les « rencontres » entre les différentes parties des organes récepteurs et les différentes parties de l'objet perçu demeurent aléatoires et d'inégale densité selon les régions de la figure, celles de la rétine, et les moments où ces régions sont centrées par la fovéa (zone de vision nette) ou demeurent dans la périphérie (zone périfovéale). Il en résulte que les effets de champ, quoique adéquats en gros, sont toujours en partie déformants : or, ces « illusions » ou déformations systématiques demeurent qualitativement les mêmes à tout âge, mais diminuent d'intensité ou de valeur quantitative avec le développement, sous l'effet correcteur des activités perceptives (exploration, etc.).

Dire que les illusions optico-géométriques « primaires » (relevant des effets de champ) ne varient pas qualitativement avec l'âge signifie que la distribution de l'illusion en fonction des variations de la figure et notamment ses *maxima* positif et négatif conservent les mêmes propriétés à tout âge. Par exemple la perception d'un rectangle (sans dessin des diagonales) surestime les grands côtés et sous-estime les petits : on fait alors varier les petits côtés en laissant constants les grands et on constate que l'illusion est d'autant plus forte que les petits côtés sont plus courts, le *maximum* (spatial) se présentant quand le rectangle se confond avec la droite la plus mince que l'on puisse dessiner. Dans l'illusion des cercles

---

(1) Exemple l'illusion dite de poids : en comparant les poids égaux de deux boîtes de volumes différents, la plus grande paraît plus légère par contraste dans la mesure où l'on s'attend à ce qu'elle soit plus lourde. Cette erreur perceptive est plus forte à 10-12 ans qu'à 5-6 ans parce que l'anticipation est plus active et les débiles profonds, qui n'anticipent rien du tout, ne présentent pas une telle illusion. Binet déjà distinguait les illusions qui augmentent avec l'âge et celles qui diminuent. En fait, les premières dépendent toutes indirectement d'activités perceptives, tandis que les secondes relèvent des effets de champ.

concentriques (Delbœuf), le petit cercle est surestimé et le grand sous-estimé, le *maximum* spatial positif étant atteint quand les rayons sont dans un rapport de 3 à 4 ; si le petit cercle présente un diamètre plus court que la largeur de la bande séparant les deux cercles, l'illusion se renverse (sous-estimation du petit cercle) et présente un *maximum* négatif pour un rapport donné. Ce sont les positions de ces *maxima* que l'on retrouve à tout âge, ainsi que celle de l'illusion nulle médiane séparant les erreurs positives et négatives. Par contre, et indépendamment de la permanence de ces propriétés qualitatives, la valeur quantitative de l'illusion diminue avec l'âge, c'est-à-dire que pour une même figure présentant le même *maximum* à tout âge (par exemple le rapport 3/4 de Delbœuf), l'illusion est plus forte à 5 ans que dans la suite et n'atteint plus chez l'adulte que la moitié ou le tiers de sa valeur initiale.

Il valait la peine de citer ces faits, car ils fournissent un exemple assez rare de réaction ne variant pas avec le développement sinon en intensité ; il faut naturellement réserver ce qui se passe durant les premiers mois de l'existence, mais comme on retrouve l'illusion des cercles concentriques jusque chez les Vairons, elle doit être assez précoce chez le petit de l'homme (1).

Cette dualité de facteurs représentés par le nombre des

_____

(1) La raison de cette identité de réactions tient à la simplicité du mécanisme probabiliste qui rend compte de ces déformations perceptives. Comme l'a montré l'un de nous, on peut en effet réduire toutes les illusions primaires (effets de champ) à des effets de centration, consistant en ceci que les éléments centrés par le regard (fovéa) sont surestimés et que les éléments situés dans la périphérie du champ visuel sont sous-estimés. De cette hétérogénéité de champ visuel résulte, même si le regard se déplace (exploration), une hétérogénéité des « rencontres » avec l'objet, au sens indiqué tout à l'heure, puisque les centrations ne sont pas également réparties et que chaque centration entraîne une surestimation locale en fonction du nombre des rencontres. Appelons « couplages » les correspondances 1 à n entre les rencontres sur un élément de la figure et celles sur un autre élément : il n'y aura alors pas de déformation ou illusion si les couplages sont complets (donc les rencontres homogènes) ; c'est le cas des « bonnes formes » comme celle d'un carré, dont tous les éléments sont égaux. Il y aura au contraire illusion si les couplages sont incomplets, ce qui favorise les inégalités de longueurs en jeu, et l'on peut donc calculer la distribution de l'illusion (*maxima*, etc.) au moyen d'une formule simple fondée sans plus sur ces différences de longueur entre les éléments de la figure :

$$P \text{ (déformation)} = \frac{(L_1 - L_2) L_2}{S} \times \frac{L_1}{L_{max}}$$ où L_1 = la plus grande des deux longueurs comparées ; L_2 = la plus petite ; L_{max} = la plus grande longueur de la figure et S = la surface ou ensemble des couplages possibles.

« rencontres » et par les « couplages » complets ou incomplets peut être justifiée par le phénomène du *maximum temporel* des illusions, où l'on trouve alors quelques différences avec l'âge. Si l'on présente une figure durant des temps très courts variant entre 1 à 2/100 de seconde et 1 s, l'illusion passe par un *maximum* en général vers 1 à 3/10 de seconde. La raison en est d'abord qu'aux temps les plus courts il y a très peu de rencontres, ce qui rend probables des couplages assez complets, donc une faible illusion. Aux durées de 0,3-0,5 à 1 s les mouvements du regard deviennent possibles, et avec eux une exploration plus poussée : les rencontres se font donc très nombreuses, les couplages redeviennent relativement complets et l'illusion diminue. Mais entre deux, les rencontres augmentent sans exploration systématique possible : il y a donc une plus grande probabilité de couplages incomplets, d'où le *maximum temporel* (et non plus spatial) de l'illusion. Mais comme le *maximum temporel* dépend de la rapidité des réactions et de la qualité de l'exploration, il varie quelque peu avec l'âge, contrairement au *maximum spatial*, et se présente parfois chez le jeune enfant pour des durées un peu plus longues que chez les grands et chez l'adulte.

III. — Les activités perceptives

On a vu que si les effets de champ demeurent relativement constants avec l'âge, les activités perceptives se développent au contraire progressivement. C'est le cas tout d'abord de la plus importante d'entre elles : l'exploration des configurations par déplacements plus ou moins systématiques du regard et de ses points de fixation (centrations). L'un de nous a, par exemple, étudié avec Vinh-Bang (par enregistrement filmique) la comparaison de deux horizontales, obliques ou verticales se prolongeant l'une l'autre, ou de la verticale et de l'horizontale d'une figure en L (la consigne étant de juger de l'égalité ou de l'inégalité de longueur de ces droites). Or, deux différences nettes opposent les réactions de 6 ans à celles des sujets plus âgés. D'une part, les points de fixation sont beaucoup moins ajustés et se distribuent en une aire beaucoup plus large (jusqu'à quelques centimètres des lignes à regarder) que chez l'adulte. D'autre part, les mouvements de transports et de comparaison, passant d'un segment à l'autre, sont proportionnellement moins fréquents chez les petits que les simples déplacements d'allure aléatoire. En un mot, les jeunes sujets se comportent comme s'ils attendaient de voir, même à partir de centrations aberrantes, tandis que les grands regardent plus activement en dirigeant l'exploration par une stratégie ou un jeu de décisions telles que les points de centration présentent le *maximum* d'information et le *minimum* de pertes (1).

Mais l'exploration peut être polarisée et entraîner de ce fait des erreurs secondaires : c'est le cas des verticales, qui sont surestimées par rapport aux horizontales de même longueur parce que les centrations les plus fréquentes s'attachent au milieu de celles-ci et au sommet des premières (ce que confirme l'enregistrement des mouvements oculaires). Cette erreur de la verticale augmente plutôt avec l'âge.

L'exploration peut, d'autre part, se combiner avec des effets d'exercice et par conséquent avec des transports temporels lorsque l'on répète les mêmes mesures sur les mêmes figures 20 fois de suite ou davantage. On observe alors des différences très significatives avec l'âge, qui ont été établies sous la direction de l'un de nous par G. Noelting avec l'illusion de Müller-Lyer (figures pennées) et du losange (sous-estimation de la grande diagonale). Chez l'adulte, la répétition des mesures aboutit à une réduction progressive de l'erreur systématique pouvant aller jusqu'à l'annulation complète : cet effet d'exercice ou d'exploration cumulative est d'autant plus intéressant que le sujet ignore tout de ses résultats, ce qui exclut l'intervention de renforcements externes et conduit à interpréter cette forme d'apprentissage comme due à une équilibration progressive (« couplages » de plus en plus complets). Chez l'enfant de 7 à 12 ans on retrouve les mêmes effets, mais d'autant plus faibles que les sujets sont plus jeunes, avec progression assez régulière avec l'âge. Par contre on n'a pu déceler avec cette même technique aucune action de l'exercice ou de la répétition en dessous de 7 ans : la courbe des erreurs oscille alors autour d'une même moyenne, jusqu'à 20 ou même 30 ou 40 répétitions (le sujet se fatigue d'au-

(1) Ce défaut d'exploration active explique un caractère que l'on a classiquement décrit dans les perceptions des enfants en dessous de 7 ans : le syncrétisme (Claparède) ou caractère global (Decroly), tel que le sujet ne perçoit dans une configuration complexe que l'impression d'ensemble, sans analyse des parties ni synthèse de leurs relations. Par exemple, G. Meili-Dworetskï a utilisé une figure équivoque dans laquelle on peut percevoir soit une paire de ciseaux soit un visage humain, les deux structurations se présentant chez les grands de façon alternative, et demeurant incompatibles simultanément (puisque ce sont les mêmes cercles qui représentent soit des yeux soit les boucles des ciseaux) ; un certain nombre de jeunes sujets ont au contraire répondu : « C'est un monsieur et on lui a lancé des ciseaux dans la figure. » Or ce syncrétisme n'obéit pas à des lois comparables à celles des effets de champ ; il traduit simplement une carence d'activité exploratrice systématique.

tant moins qu'il ne témoigne d'aucune exploration active), sans apprentissage. Il est d'un certain intérêt de noter que celui-ci ne débute donc que vers 7 ans, âge où s'affaiblit fortement le syncrétisme et où les mouvements oculaires sont mieux dirigés, et surtout âge où se constituent les premières opérations logico-mathématiques, c'est-à-dire où l'activité perceptive peut être dirigée par une intelligence qui saisit mieux les problèmes : ce n'est naturellement pas que l'intelligence se substitue alors à la perception, mais en structurant le réel, elle contribue à programmer les prises d'information perceptive, c'est-à-dire à indiquer ce qu'il s'agit de regarder avec plus d'attention. Or, même dans le domaine des simples longueurs linéaires, cette programmation joue un rôle évident en substituant une métrique aux évaluations globales ou simplement ordinales (voir plus loin chap. IV, § II-6).

Cette action orientatrice de l'intelligence est plus claire encore dans le domaine des coordonnées perceptives, c'est-à-dire des mises en référence avec des axes horizontaux et verticaux pour juger de la direction des figures ou des lignes. H. Wursten a étudié, à la demande d'un de nous, la comparaison des longueurs d'une verticale de 5 cm et d'une oblique variable (y compris la position horizontale) dont l'origine est située à 5 cm de la première. Cette comparaison est malaisée chez l'adulte, qui présente d'assez fortes erreurs, mais elle est bien meilleure à 5 et 6 ans, parce que les petits ne se soucient pas de l'orientation des lignes (preuve en soit que lorsqu'on teste cette orientation elle-même, par comparaison des figures entre elles, ils commettent alors le *maximum* d'erreurs, tandis que l'estimation devient aisée pour l'adulte). De 5-6 à 12 ans l'erreur sur les longueurs croît jusqu'à 9-10 ans où elle passe par un *maximum* pour diminuer légèrement ensuite (grâce à de nouvelles activités perceptives de transport des longueurs indépendamment des directions). Or, cet âge de 9-10 ans est précisément celui où s'organise, dans le domaine de l'intelligence, le système des coordonnées opératoires, donc où le sujet commence à remarquer les directions, ce qui le gêne alors en ce cas dans l'évaluation perceptive des longueurs (1).

_____

(1) P. Dadsetan a ensuite complété l'expérience précédente en faisant juger de l'horizontalité d'une droite dessinée à l'intérieur d'un triangle dont la base est oblique, le tout figuré sur une grande feuille blanche dont les bords sont doublés de traits noirs pour faciliter les mises en référence. Sans entrer dans le détail des résultats, relevons le principal : ce n'est que vers 9-10 ans à nouveau que l'enfant devient sensible aux références d'ensemble (extérieures au triangle), parce que, sous l'influence des coordonnées opératoires naissantes, il en arrive, mais seulement alors, à trouver l' « idée de

D'une manière générale, on voit ainsi que les activités perceptives se développent avec l'âge jusqu'à pouvoir se plier aux directives que leur suggère l'intelligence en ses progrès opératoires. Mais avant que se constituent les opérations de la pensée, c'est l'action entière qui exerce le rôle d'orientation, comme on l'a vu au chap. II, § I. Il est donc exclu de considérer les activités perceptives comme résultat d'une simple extension ou d'un simple assouplissement des effets de champ, ainsi que le suggère la perspective propre à la théorie de la Gestalt. Ce sont au contraire les effets de champ qui apparaissent comme des sédimentations locales d'activités perceptives de niveaux variés, car il en est de précoces et les mises en relations ou comparaisons au moins globales débutent dès les premières semaines.

IV. — Perceptions, notions et opérations

Ces données étant établies, nous pouvons en revenir au problème soulevé dans l'introduction de ce chapitre : le développement des perceptions suffit-il à expliquer celui de l'intelligence ou tout au moins de son contenu (notions), ou bien le sensualisme a-t-il simplement oublié le rôle de l'action et de son schématisme sensori-moteur, celui-ci pouvant constituer à la fois la source des perceptions et le point de départ des opérations ultérieures de la pensée ?

1. **Méthodes.** — Pour ce qui est des notions, la thèse minimale de l'empirisme est que leur contenu est tiré de la perception, leur forme consistant simplement en un système d'abstractions et de généralisations, sans structuration constructive, c'est-à-dire source de liaisons étrangères ou supérieures aux relations fournies par la perception. Nous allons au contraire constater qu'une telle structuration se manifeste sans cesse, qu'elle procède de l'action ou des opérations, et qu'elle enrichit les notions de contenus non perceptifs (en plus naturellement des informations tirées de la perception), parce que, dès le départ, le schématisme sensori-moteur dépasse la perception et qu'il n'est pas en lui-même perceptible.

La méthode à suivre, pour discuter le problème, consiste à choisir un certain nombre de notions dont on connaît bien

regarder ▸ les bords de la feuille, en sortant enfin des frontières de la figure triangulaire. En testant par ailleurs sur les mêmes sujets leur capacité d'utiliser les coordonnées opératoires (en faisant anticiper la ligne de surface de l'eau dans un bocal, lorsqu'on inclinera celui-ci : voir chap. III, § III), Dadsetan a trouvé une légère avance de la coordination opératoire sur son épreuve de perception, ce qui montre une fois de plus le rôle de l'intelligence dans la programmation de l'activité perceptive.

l'évolution pré-opératoire et opératoire et à analyser les perceptions correspondantes (par exemple les perceptions de la vitesse pour les notions de vitesse, etc.) de manière à décider si elles suffisent ou non à rendre compte de ces notions.

On trouve à cet égard quatre sortes de situations. La première (situation I) est celle où perception et notion (ou prénotion) apparaissent au même niveau, la notion étant alors constituée par un schème sensori-moteur et non pas encore représentatif. Nous avons vu au § I des exemples de ces relations (objet permanent et constances perceptives ou effet tunnel, causalité sensori-motrice et perceptive) qui sont en ce cas des relations d'interaction, le schème sensori-moteur ne pouvant se réduire aux structures perceptives correspondantes.

Les situations II à IV se présentent, comme on va le voir, quand la formation des perceptions précède de beaucoup celle des notions correspondantes, celles-ci consistant cette fois en concepts représentatifs.

2. **Notions et perceptions projectives.** — Dans la situation de forme II il y a évolution divergente entre la notion et la perception. Par exemple les notions et représentations de perspectives (rapetissement à distance, fuyantes, etc.) n'apparaissent qu'à partir de 7 ans (compréhension des changements de grandeur ou de forme selon le point de vue, représentation de la perspective dans le dessin, etc.) et trouvent un palier d'équilibre à 9-10 ans (coordination des points de vue par rapport à un ensemble de trois objets). Par contre, la perception des grandeurs projectives ou apparentes (juger de l'égalité des grandeurs apparentes d'une tige constante de 10 cm située à 1 m et d'une tige variable située à 4 m qui devrait avoir alors 40 cm) est très difficile pour l'adulte, sauf chez les dessinateurs de métier (l'adulte moyen choisit en ce cas une tige d'environ 20 cm à 4 m !), tandis que l'enfant de 6-7 ans a beaucoup de peine à comprendre la question, mais, celle-ci une fois comprise, donne des résultats bien meilleurs. Après quoi la perception se détériore, tandis que la notion se développe, preuve en soit que celle-ci ne dérive pas sans plus de celle-là : en ce domaine la perception ne fournit, en effet, que des instantanés correspondant à tel ou tel point de vue, qui est celui du sujet au moment considéré, tandis que la notion suppose la coordination de tous les points de vue et la compréhension des transformations conduisant d'un point de vue à un autre.

3. **Constances perceptives et conservations opératoires.** — Les situations de forme III sont celles dans lesquelles il y a au contraire isomorphisme partiel entre la construction des

perceptions et celle des notions correspondantes et où, par conséquent, la perception préfigure la notion selon l'excellente expression de Michotte. Mais le terme de préfiguration peut s'employer en deux sens bien distincts : celui d'une filiation proprement dite, et c'est à elle que pense Michotte dont on connaît les attaches à la fois gestaltistes et aristotéliciennes, ou celui d'une simple analogie dans les processus de construction, avec parenté collatérale et non pas directe, la source commune étant le schématisme sensori-moteur.

On peut citer comme exemple de ces préfigurations simples les relations qui unissent les constances perceptives, dont nous avons déjà parlé (chap. II, § I), aux conservations opératoires, dont il sera question plus loin (chap. IV, § I). Toutes deux consistent, en effet, à conserver quelque propriété de l'objet : sa grandeur réelle ou sa forme dans le cas des constances perceptives lorsque la grandeur ou la forme apparentes sont modifiées ; sa quantité de matière, son poids, etc., dans le cas des conservations opératoires lorsque l'on transvase un liquide d'un récipient en un autre ou qu'on modifie la forme d'une boulette d'argile. Toutes deux reposent, d'autre part, sur des mécanismes de compensation par composition multiplicative (au sens logique du terme). Dans le cas de la constance des grandeurs, la grandeur apparente diminue quand la distance augmente et la grandeur réelle est perçue à titre de résultante approximativement constante de la coordination de ces deux variables. Dans le cas de la conservation de la matière, la quantité de liquide est jugée permanente lorsque l'enfant, tout en constatant que la hauteur du niveau s'accroît dans un verre plus mince, constate aussi que la largeur de la colonne décroît et que par conséquent le produit est constant par compensation (compensation logique ou déductive, cela va sans dire, sans aucune mesure ni calcul numérique). Il y a donc analogie de construction ou isomorphisme partiel entre les mécanismes des constances et des conservations.

Néanmoins les premières conservations opératoires ne débutent que vers 7-8 ans (substance) et s'échelonnent jusqu'à 12 ans (volume), le mécanisme des compensations déductives restant absent durant toute la période préopératoire jusqu'à 6-7 ans. Les constances perceptives apparaissent par contre, comme on l'a vu, dès la première année (période sensori-motrice). Il est vrai qu'elles évoluent encore jusque vers 10 ans : les sujets de 5-7 ans dévaluent quelque peu les grandeurs à distance, puis les grands et l'adulte les surestiment (surconstance par excès de compensation). Mais le mécanisme des compensations perceptives est à l'œuvre dès 6 à 12 mois, c'est-à-dire environ 7 ans avant celui des compensations opératoires.

Pour juger de la parenté génétique ou de la filiation éventuelle entre les constances et les conservations, il faut donc expliquer d'abord ce décalage considérable. Or la raison en est simple. Dans le cas des constances perceptives, l'objet n'est pas modifié en réalité, mais seulement en apparence, c'est-à-dire du seul point de vue du sujet. En ce cas il n'est pas besoin de raisonner pour corriger l'apparence et une régulation perceptive suffit (d'où le caractère approximatif des constances et les hyperrégulations entraînant les surconstances). Par contre, dans le cas des conservations, l'objet est modifié en réalité et, pour comprendre l'invariance, il faut construire opératoirement un système de transformations assurant les compensations.

La conclusion est donc que si les constances et les conservations se construisent de façon analogue par compensations régulatoires ou opératoires, les secondes ne dérivent pas pour autant des premières, étant donné leur complexité bien supérieure. Elles sont pourtant parentes, mais de façon collatérale : les conservations opératoires constituent un prolongement direct de cette forme précoce d'invariant qu'est le schème de l'objet permanent (précoce parce que l'objet n'est alors pas modifié, et n'est que déplacé comme dans le cas des constances, mais en sortant entièrement du champ perceptif) et, comme on l'a vu, entre le schème et les constances naissantes existent des interactions.

4. — Les situations de forme IV présentent des préfigurations analogues aux précédentes, mais avec action en retour de l'intelligence sur la perception (1).

5. **Conclusion.** — De façon générale, il est ainsi exclu de concevoir les notions de l'intelligence comme étant sans plus abstraites des perceptions par de simples processus d'abstraction et de généralisation, car, outre des informations perceptives, elles comportent toujours en plus des constructions spécifiques de nature plus ou moins complexe. Dans le cas des notions logico-mathématiques, elles supposent un jeu

---

(1) On peut citer comme exemple celui déjà discuté des coordonnées perceptives. Il y a ici préfiguration de la notion dans la perception en ce sens qu'à tous les niveaux perceptifs certaines directions sont évaluées en fonction de références (le corps propre ou les éléments proches de l'objet considéré), mais une fois constituées les coordonnées opératoires, en tant que généralisations des opérations de mesure à deux ou à trois dimensions, elles agissent en retour sur la perception comme on l'a vu au § III.

d'opérations qui sont abstraites, non pas des objets perçus mais des actions exercées sur les objets, ce qui n'est nullement équivalent car, si chaque action peut donner lieu à des perceptions extéro- et proprioceptives, les schèmes de ces actions ne sont plus perceptibles. Quant aux notions physiques, etc., la part d'information perceptive nécessaire est alors plus grande, mais, si élémentaires soient-elles chez l'enfant, ces notions ne peuvent pas non plus être élaborées sans une structuration logico-mathématique qui déborde à nouveau la perception.

Quant aux opérations elles-mêmes, dont traiteront les chapitres IV et V, on sait assez que Max Wertheimer, un des créateurs de la théorie de la *Gestalt*, a tenté de les réduire à une telle structure (1) et que le gestaltisme interprète l'intelligence entière comme une extension à des domaines de plus en plus larges, des « formes » gouvernant initialement le monde des perceptions. Or, non seulement tout ce qui vient d'être dit (1 à 4) contredit une telle interprétation, mais encore, en ce qui concerne les opérations comme telles, on peut conclure ce chapitre par les considérations suivantes. Les structures perceptives sont essentiellement irréversibles en tant que reposant sur un mode de composition probabiliste, évident sur le terrain des effets de champ, mais encore en jeu dans les régulations propres aux activités perceptives (bien que ces régulations atténuent la part du hasard ou du mélange irréversible). Or, les opérations, tout en constituant elles aussi des structures d'ensemble, sont essentiellement réversibles : $+ n$ est exactement annulé par $- n$. D'autre part, et par conséquent, les structures perceptives comportent une composition non additive, et c'est même par ce caractère que les gestaltistes définissent leur notion centrale de Gestalt : or, une opération est rigoureusement additive, car $2 + 2$ font exactement 4 et non pas un peu plus ou un peu moins comme s'il s'agissait d'une structure perceptive. Il semble donc exclu de tirer les opérations ou l'intelligence en général des systèmes perceptifs, et, même si les formes préopératoires de la pensée présentent toutes sortes d'états intermédiaires rappelant les formes perceptives, il subsiste, entre l'irréversibilité des adaptations perceptives aux situations *hic et nunc* et les constructions réversibles propres aux conquêtes logico-mathématiques de l'intelligence opératoire, une dualité fondamentale d'orientation tant au point de vue génétique qu'à celui de leurs destinées dans l'histoire de la pensée scientifique.

(1) *Productive Thinking*, New York, Harper, 1945.

Chapitre III

LA FONCTION SÉMIOTIQUE OU SYMBOLIQUE

Au terme de la période sensori-motrice, vers 1 1/2 à 2 ans, apparaît une fonction fondamentale pour l'évolution des conduites ultérieures et qui consiste à pouvoir représenter quelque chose (un « signifié » quelconque : objet, événement, schème conceptuel, etc.) au moyen d'un « signifiant » différencié et ne servant qu'à cette représentation : langage, image mentale, geste symbolique, etc. A la suite de Head et des spécialistes de l'aphasie, on appelle en général « symbolique » cette fonction génératrice de la représentation, mais comme les linguistes distinguent soigneusement les « symboles » et les « signes », il vaut mieux utiliser avec eux le terme de « fonction sémiotique » pour désigner les fonctionnements portant sur l'ensemble des signifiants différenciés.

I. — La fonction sémiotique et l'imitation

Les mécanismes sensori-moteurs ignorent la représentation et l'on n'observe pas avant le cours de la seconde année de conduite impliquant l'évocation d'un objet absent. Lorsque se constitue vers 9-12 mois le schème de l'objet permanent, il y a bien recherche d'un objet disparu : mais il vient d'être perçu, il correspond donc à une action déjà en cours et un ensemble d'indices actuels permettent de le retrouver.

S'il n'y a pas encore de représentation il y a néanmoins, et même dès le départ, constitution et utilisation de significations, car toute assimilation sensori-motrice (y compris perceptive) consiste déjà à conférer des significations. Mais, s'il y a d'emblée signification, donc dualité entre des « signifiés » (= les schèmes eux-mêmes avec leurs contenus relatifs aux actions en cours) et des « signifiants », ceux-ci sont toujours perceptifs, et donc encore indifférenciés de leurs signifiés, ce qui exclut de parler à ce niveau de fonction sémiotique. Un signifiant indifférencié n'est en effet, encore, ni un « symbole » ni un « signe » (au sens des signes verbaux) : c'est par définition un « indice » (y compris les « signaux » intervenant dans le conditionnement, comme le son de la cloche qui annonce la nourriture). Un indice est effectivement indifférencié de son signifié en ce sens qu'il en constitue un aspect (la blancheur pour le lait), une partie (le secteur visible pour un objet semi-caché), un antécédent temporel (la porte qui s'ouvre pour la venue de la maman), un résultat causal (une tache), etc.

1. Apparition de la fonction sémiotique. — Au cours de la seconde année (et en continuité avec le stade VI du § I) apparaît au contraire un ensemble de conduites qui implique l'évocation représentative d'un objet ou d'un événement absent et qui suppose par conséquent la construction ou l'emploi de signifiants différenciés, puisqu'ils doivent pouvoir se rapporter à des éléments non actuellement perceptibles aussi bien qu'à ceux qui sont présents. On peut distinguer au moins cinq de ces conduites, d'apparition à peu près simultanée, et que nous allons énumérer dans l'ordre de complexité croissante :

1) Il y a d'abord l'*imitation différée*, c'est-à-dire celle qui débute en l'absence du modèle. Dans une conduite d'imitation sensori-motrice l'enfant commence par imiter en présence du modèle (par exemple un mouvement de la main), après quoi il peut continuer en l'absence de ce modèle sans que cela implique aucune représentation en pensée. Au contraire dans le cas d'une fillette de 16 mois, qui voit un camarade se fâcher, crier et taper du pied (spectacles nouveaux pour elle) et qui, mais seulement une ou deux heures après son départ, imite la scène en riant, cette imitation différée constitue un début de représentation et le geste imitateur un début de signifiant différencié.

2) Il y a ensuite le *jeu symbolique* ou jeu de fiction, inconnu au niveau sensori-moteur. La même fillette a inventé son premier jeu symbolique en faisant semblant de dormir, assise et souriant largement, mais en fermant les yeux, la tête penchée, le pouce dans sa bouche et tenant un coin de drap simulant le coin de son oreiller selon le rituel habituel qu'elle observe en s'endormant ; peu après elle a fait dormir son ours en peluche, a fait glisser un coquillage sur une boîte en disant « miaou » (elle venait de voir un chat sur un mur), etc. En tous ces cas la représentation est nette et le signifiant différencié est à nouveau un geste imitateur, mais accompagné d'objets devenant symboliques.

3) Le *dessin* ou image graphique est, à ses débuts, intermédiaire entre le jeu et l'image mentale, bien que n'apparaissant guère avant 2 ans ou 2 ans 1/2.

4) Vient ensuite tôt ou tard l'*image mentale*, dont on n'observe aucune trace au niveau sensori-moteur (sinon la découverte de l'objet permanent en serait grandement facilitée) et qui apparaît comme une imitation intériorisée.

5) Enfin le langage naissant permet l'*évocation verbale* d'événements inactuels. Quand la fillette citée à l'instant dit « miaou» sans ne plus voir le chat, il y a représentation verbale en plus d'imitation. Quand, quelque temps après, elle dit « Panéné pati » (= grand-papa parti) en montrant le chemin en pente qu'il a suivi en la quittant, la représentation s'appuie exclusivement (ou en s'accompagnant d'une image mentale) sur le signifiant différencié constitué par les signes de la langue en voie d'apprentissage.

2. Rôle de l'imitation.

— Telles étant les premières manifestations de la fonction sémiotique, le problème est d'abord de comprendre le mécanisme de sa formation. Mais la solution de ce problème est bien simplifiée du fait que les quatre premières de ces cinq formes de conduites reposent sur l'imitation et que le langage lui-même qui, contrairement aux conduites précédentes, n'est pas inventé par l'enfant s'acquiert en un contexte nécessaire d'imitation (car s'il ne s'apprenait que par un jeu de conditionnements, comme on le dit souvent, il devrait apparaître dès le second mois !). Or, l'imitation constitue tout à la fois la préfiguration

sensori-motrice de la représentation et par conséquent le terme de passage entre le niveau sensori-
moteur et celui des conduites proprement représentatives.

L'imitation est d'abord une préfiguration de la
représentation, c'est-à-dire qu'elle constitue au cours
de la période sensori-motrice une sorte de représentation en actes matériels et non pas encore en
pensée (1).

Au terme de la période sensori-motrice, l'enfant
a acquis une virtuosité suffisante, dans la maîtrise
de l'imitation ainsi généralisée, pour que l'imitation
différée devienne possible : en fait, la représentation
en acte se libère alors des exigences sensori-motrices
de copie perceptive directe pour atteindre un niveau
intermédiaire où l'acte, ainsi détaché de son contexte,
devient signifiant différencié et par conséquent en

---

(1) L'imitation débute (dès les stades II et III du chap. Ier, § I) par
une sorte de contagion ou d'échopraxie due au fait que, quand autrui
exécute devant l'enfant des gestes qu'il sait lui-même effectuer
(lorsqu'il vient de le faire puis après intervalle), il y a assimilation
de ces spectacles aux schèmes propres et déclenchement de ceux-ci.
Ensuite le sujet s'applique à reproduire ces modèles par intérêt
pour cette reproduction même et non plus par assimilation automatique, ce qui marque le début de la fonction en quelque sorte
pré-représentative jouée par l'imitation, puis l'enfant en vient assez
vite à copier des gestes nouveaux pour lui, mais dans la mesure où
ils sont exécutables en des régions visibles du corps propre. Une
nouvelle étape essentielle débute lorsqu'il s'agit de modèles relatifs
au visage (ouvrir et fermer la bouche ou les yeux, etc.) : la difficulté
est alors que le visage propre n'est connu que tactilement et celui
d'autrui visuellement, à part quelques rares explorations tactiles
de ce visage d'autrui, fort intéressantes à noter à ce niveau où l'enfant
construit des correspondances entre les claviers visuels et tactilo-
kinesthésiques pour pouvoir généraliser l'imitation aux parties non
visibles de son corps. Tant que ces correspondances ne sont pas
élaborées, l'imitation des mouvements du visage demeure impossible
ou accidentelle : le bâillement, par exemple, si contagieux plus tard,
n'est pas imité avant 1 an environ, s'il est présenté silencieusement.
Une fois les correspondances construites grâce à une série d'indices
(sonores, etc.), l'imitation est généralisée et l'on voit alors le rôle
important qu'elle joue dès ce niveau à titre d'instrument de connaissance du corps propre en analogie avec celui d'autrui. Il n'est donc
pas exagéré de la considérer comme une sorte de représentation
en acte, et c'est d'un tel point de vue que l'on peut suivre Baldwin
lorsqu'il voit en elle un instrument essentiel de la construction
complémentaire de l'autrui et du moi.

partie déjà représentation en pensée. Avec le jeu symbolique et le dessin, ce passage de la représentation en acte à la représentation-pensée est renforcé : le « faire semblant de dormir » de l'exemple cité à l'instant n'est encore lui aussi qu'un acte détaché de son contexte, mais il est en outre un symbole généralisable. Avec l'image mentale, ensuite, l'imitation n'est plus seulement différée mais intériorisée et la représentation qu'elle rend possible, dissociée ainsi de tout acte extérieur au profit de ces ébauches ou esquisses internes d'actions qui la supporteront dorénavant, est alors prête à devenir pensée. L'acquisition du langage, rendu accessible en ces contextes d'imitation, couvre finalement l'ensemble du processus en assurant un contact avec autrui autrement plus puissant que la seule imitation et en permettant donc à la représentation naissante d'accroître ses pouvoirs en s'appuyant sur la communication.

3. — Au total, la fonction sémiotique engendre ainsi deux sortes d'instrument : les *symboles*, qui sont « motivés », c'est-à-dire présentent, quoique signifiants différenciés, quelque ressemblance avec leurs signifiés, et les *signes*, qui sont arbitraires ou conventionnels. Les symboles, en tant que motivés, peuvent être construits par l'individu à lui seul, et les premiers symboles du jeu de l'enfant sont de bons exemples de ces créations individuelles, qui n'excluent naturellement pas les symbolismes collectifs ultérieurs : l'imitation différée, le jeu symbolique et l'image graphique ou mentale relèvent alors directement de l'imitation, en tant non pas que transmission de modèles extérieurs tout faits (car il y a une imitation de soi-même comme d'autrui, ainsi que le montre l'exemple cité du jeu de simuler le sommeil), mais en tant que passage de la préreprésentation en acte à la représentation intérieure ou pensée. Le signe, au contraire, étant conventionnel, est nécessairement collectif : l'enfant le reçoit donc, par le canal de l'imitation, mais cette fois en tant qu'acquisition de modèles extérieurs ; seulement il le façonne aussitôt à sa manière et l'utilise comme on le verra au chap. III, § VI.

II. — Le jeu symbolique

Le jeu symbolique marque sans doute l'apogée du jeu enfantin. Plus encore que les deux ou trois autres formes de jeux, dont il va être aussi question, il correspond à la fonction essentielle que le jeu remplit dans la vie de l'enfant. Obligé de s'adapter sans cesse à un monde social d'aînés, dont les intérêts et les règles lui restent extérieurs, et à un monde physique qu'il comprend encore mal, l'enfant ne parvient pas comme nous à satisfaire les besoins affectifs et même intellectuels de son moi dans ces adaptations, qui, pour les adultes, sont plus ou moins complètes, mais qui demeurent pour lui d'autant plus inachevées qu'il est plus jeune. Il est donc indispensable à son équilibre affectif et intellectuel qu'il puisse disposer d'un secteur d'activité dont la motivation ne soit pas l'adaptation au réel mais au contraire l'assimilation du réel au moi, sans contraintes ni sanctions : tel est le jeu, qui transforme le réel par assimilation plus ou moins pure aux besoins du moi, tandis que l'imitation (lorsqu'elle constitue une fin en soi) est accommodation plus ou moins pure aux modèles extérieurs et que l'intelligence est équilibre entre l'assimilation et l'accommodation (1).

En outre, l'instrument essentiel d'adaptation sociale est le langage, qui n'est pas inventé par l'enfant mais lui est transmis en des formes toutes faites, obligées et de nature collective, c'est-à-dire à nouveau impropres à exprimer les besoins ou les expériences vécues du moi. Il est donc indispensable à l'enfant qu'il puisse disposer également d'un moyen d'expression propre, c'est-à-dire d'un

(1) J. PIAGET, *La formation du symbole chez l'enfant*, Delachaux & Niestlé, 1945.

système de signifiants construits par lui et ployables à ses volontés : tel est le système des symboles propres au jeu symbolique, empruntés à l'imitation à titre d'instruments, mais à une imitation non poursuivie pour elle-même et simplement utilisée en tant que moyen évocateur au service de l'assimilation ludique : tel est le jeu symbolique, qui n'est pas seulement assimilation du réel au moi, comme le jeu en général, mais assimilation assurée (ce qui la renforce) par un langage symbolique construit par le moi et modifiable au gré des besoins (1).

La fonction d'assimilation au moi que remplit le jeu symbolique se manifeste sous les formes particulières les plus diverses, dans la plupart des cas surtout affectives mais au service parfois d'intérêts cognitifs. Une fillette qui avait posé diverses questions sur le mécanisme des cloches, observé sur un vieux clocher de village, en vacances, se tient immobile et debout à côté de la table de son père en faisant un bruit assourdissant : « Tu me déranges un peu, tu sais, tu vois que je travaille — « Me parle pas », répond la petite, « je suis une église ». De même, vivement frappée par un canard déplumé sur la table de la cuisine, l'enfant est trouvée le soir étendue sur un canapé,

(1) Il existe trois catégories principales de jeu et une quatrième qui fait la transition entre le jeu symbolique et les activités non ludiques ou adaptations « sérieuses ». La forme primitive du jeu, la seule qui soit représentée au niveau sensori-moteur, mais qui se conserve en partie dans la suite, est le « jeu d'exercice », qui ne comporte aucun symbolisme ni aucune technique spécifiquement ludique, mais qui consiste à répéter pour le plaisir des activités acquises par ailleurs dans un but d'adaptation : par exemple, l'enfant ayant découvert par hasard la possibilité de balancer un objet suspendu reproduit d'abord le résultat pour s'y adapter et pour le comprendre, ce qui n'est pas un jeu, puis, ceci fait, il utilise cette conduite par simple « plaisir fonctionnel » (K. Buhler) ou par plaisir d'être cause et d'affirmer un savoir nouvellement acquis (ce que fait encore l'adulte avec une nouvelle auto ou un nouveau poste de télévision). Puis vient le jeu symbolique dont on a vu les caractères et qui trouve son apogée entre 2-3 et 5-6 ans. En troisième lieu apparaissent les jeux de règles (billes, marelle, etc.) qui se transmettent socialement d'enfant à enfant et augmentent donc d'importance avec le progrès de la vie sociale de l'enfant. Enfin, à partir du jeu symbolique se développent des jeux de construction, encore imprégnés au début de symbolisme ludique, mais qui tendent dans la suite à constituer de véritables adaptations (constructions mécaniques, etc.) ou solutions de problèmes et créations intelligentes.

au point qu'on la croit malade et qu'on la presse de questions, d'abord sans réponses ; puis d'une voix éteinte : « Je suis le canard mort ! » On voit en ces exemples que le symbolisme ludique peut en arriver à remplir la fonction de ce que serait pour un adulte le langage intérieur, mais au lieu de repenser simplement à un événement intéressant ou impressionnant, l'enfant a besoin d'un symbolisme plus direct qui lui permette de revivre cet événement au lieu de se contenter d'une évocation mentale (1).

De ces multiples fonctions du jeu symbolique on a tiré différentes théories soi-disant explicatives du jeu en général, qui sont aujourd'hui bien désuètes (sans parler de l'hypothèse de la récapitulation héréditaire de Stanley-Hall qui annonçait, dans le domaine du jeu, les conceptions les plus aventureuses de Jung en ce qui concerne les symboles inconscients). La principale de ces théories anciennes est celle de Karl Groos, qui a eu le grand mérite de découvrir le premier que le jeu des enfants (et des animaux) présente une signification fonctionnelle essentielle et n'est point un simple délassement. Mais il voyait dans le jeu un pré-exercice des activités futures de l'individu, ce qui est vrai mais évident si l'on se borne à dire que le jeu, comme toute fonction générale, est utile au développement, mais ce qui perd toute signification si l'on entre dans le détail : l'enfant qui joue à être une église se prépare-t-il à être marguillier, et qui joue à être un canard mort à devenir ornithologiste ? Une théorie beaucoup plus profonde est celle de J. J. Buytendijk qui rattache le jeu aux lois de la « dynamique infantile ». Seulement cette dynamique n'est en elle-même pas ludique, et pour rendre compte de ce que le jeu présente de spécifique, il semble nécessaire, comme nous le proposions plus haut, de faire appel à un pôle d'assi-

---

(1) Mais ce sont surtout les conflits affectifs qui réapparaissent dans le jeu symbolique. On peut être assuré, par exemple, s'il se produit quelque petite scène banale à déjeuner, qu'une ou deux heures après le drame sera reproduit dans un jeu de poupée et surtout mené à une solution plus heureuse, soit que l'enfant applique à sa poupée une pédagogie plus intelligente que celle des parents, soit qu'il intègre dans le jeu ce que son amour-propre l'empêchait d'accepter à table (comme de finir une assiette d'un potage jugé détestable, surtout si c'est la poupée qui l'absorbe symboliquement). On peut être certain de même, si l'enfant a eu peur d'un gros chien, que les choses s'arrangeront dans un jeu symbolique où les chiens cesseront d'être vilains ou bien où les enfants deviendront courageux. De façon générale, le jeu symbolique peut servir ainsi à la liquidation de conflits, mais aussi à la compensation de besoins non assouvis, à des renversements de rôles (obéissance et autorité), à la libération et à l'extension du moi, etc.

milation au moi, distinct du pôle accommodateur d'imitation et de l'équilibre entre eux (intelligence) (1) ; dans le jeu symbolique, cette assimilation systématique se traduit donc par une utilisation particulière de la fonction sémiotique, consistant à construire des symboles à volonté, pour exprimer tout ce qui, dans l'expérience vécue, ne saurait être formulé et assimilé par les moyens du seul langage.

Or ce symbolisme centré sur le moi (2) ne consiste pas seulement à formuler et à alimenter les divers intérêts conscients du sujet. Le jeu symbolique porte fréquemment aussi sur des conflits inconscients : intérêts sexuels, défense contre l'angoisse, phobies, agressivité ou identification avec des agresseurs, repliements par crainte du risque ou de la compétition, etc. Le symbolisme du jeu rejoint en ces cas celui du rêve, à tel point que les méthodes spécifiques de psychanalyse infantile utilisent fréquemment des matériels de jeu (Melanie Klein, Anna Freud, etc.). Seulement le freudisme a longtemps interprété le symbolisme du rêve (sans parler des exagérations peut-être inévitables que comporte l'interprétation des symboles lorsqu'on ne dispose pas de moyens suffisants de contrôle) comme une sorte de déguisement dû à des mécanismes de refoulement et de censure. Les limites si floues entre la conscience et l'inconscient dont témoigne le jeu symbolique de l'enfant donnent plutôt à penser que le symbolisme du rêve est analogue à celui du jeu, parce que le dormeur perd à la fois l'utilisation raisonnée du langage, le sens du réel et les instruments déductifs ou logiques de son intelligence : il se trouve alors sans le vouloir dans la situation d'assimilation symbolique que l'enfant recherche pour elle-même. C. G. Jung avait bien vu que ce symbolisme onirique consiste en une sorte de langage primitif, ce qui correspond donc à ce que nous venons de voir du jeu symbolique, et il a eu le mérite d'étudier et de montrer la grande généralité de certains symboles. Mais, sans preuve aucune (l'insouciance du contrôle est encore plus

_____

(1) Dans un ouvrage récent, très pénétrant et très vivant sur les *Jeux de l'esprit*, Paris, 1963, édit. du Scarabée, J. O. GRANDJOUAN trouve insuffisante l'interprétation du jeu par le primat de l'assimilation, mais il met tout l'accent sur les jeux de règles, tandis que le jeu spécifique de la petite enfance nous paraît être constitué par le jeu symbolique, qui est relié par tous les intermédiaires à la pensée symbolique et n'en diffère ainsi que par le degré de l'assimilation du réel au moi.

(2) Nous ne disons plus « égocentrique », comme s'exprimait jadis l'un de nous, car les psychologues ignorent souvent encore l'usage des sciences exactes de ne discuter un terme qu'en fonction des définitions proposées par opposition aux significations et associations courantes.

remarquable dans l'école jungienne que dans les écoles freudiennes), il a conclu de la généralité à l'innéité et à la théorie des archétypes héréditaires. Or, on trouverait sans doute une généralité aussi grande dans les lois du symbolisme ludique de l'enfant. Et comme l'enfant est antérieur à l'homme, même préhistorique (nous le rappelions dans notre Introduction), c'est peut-être dans l'étude ontogénétique des mécanismes formateurs de la fonction sémiotique que l'on trouvera la solution du problème.

III. — Le dessin

Le dessin est une forme de la fonction sémiotique qui s'inscrit à mi-chemin entre le jeu symbolique, dont il présente le même plaisir fonctionnel et le même autotélisme, et l'image mentale avec laquelle il partage l'effort d'imitation du réel. Luquet fait du dessin un jeu, mais il reste que, même sous ses formes initiales, il n'assimile pas n'importe quoi à n'importe quoi et reste, comme l'image mentale, plus proche de l'accommodation imitatrice. En fait, il constitue tantôt une préparation, tantôt une résultante de celle-ci et entre l'image graphique et l'image intérieure (le « modèle interne » de Luquet) il existe d'innombrables interactions, puisque toutes deux dérivent directement de l'imitation (1).

Dans ses célèbres études sur le dessin enfantin, Luquet (2) a proposé des stades et des interprétations toujours valables aujourd'hui. Avant lui, les auteurs soutenaient deux opinions contraires, les uns admettant que les premiers dessins d'enfants sont essentiellement réalistes, puisque s'en

(1) A vrai dire la toute première forme du dessin ne semble pas imitatrice et participe encore d'un pur jeu, mais d'exercice : c'est le gribouillage auquel se livre l'enfant de 2 à 2 ans 1/2 lorsqu'on lui fournit un crayon. Mais très vite le sujet croit reconnaître des formes dans ce qu'il gribouille sans but, de telle sorte qu'il s'essaye tôt après à rendre de mémoire un modèle, si peu ressemblante que soit son expression graphique du point de vue objectif : dès cette intention le dessin est donc imitation et image.

(2) G. LUQUET, *Le dessin enfantin*, Alcan, 1927.

tenant à des modèles effectifs sans dessins d'imagination jusqu'assez tard ; les autres insistant au contraire sur l'idéalisation dont témoignent les dessins primitifs. Luquet semble avoir tranché définitivement le débat en montrant que le dessin de l'enfant jusque vers 8-9 ans est essentiellement réaliste d'intention mais que le sujet commence par dessiner ce qu'il *sait* d'un personnage ou d'un objet bien avant d'exprimer graphiquement ce qu'il en *voit* : remarque fondamentale, dont nous retrouverons toute la portée à propos de l'image mentale qui, elle aussi, est conceptualisation avant d'aboutir à de bonnes copies perceptives.

Le réalisme du dessin passe donc par différentes phases. Luquet appelle « réalisme fortuit » celle du gribouillage avec signification découverte en cours de route. Puis vient le « réalisme manqué » ou phase d'incapacité synthétique, où les éléments de la copie sont juxtaposés au lieu d'être coordonnés en un tout : un chapeau bien au-dessus de la tête ou des boutons à côté du corps. Le bonhomme, qui est l'un des modèles les plus dominants au départ, passe d'ailleurs par un stade d'un grand intérêt : celui des « bonshommes-têtards » où n'est figurée qu'une tête munie d'appendices filiformes qui sont les jambes, ou munie de bras et de jambes mais sans tronc.

Puis vient la période essentielle du « réalisme intellectuel » où le dessin a surmonté les difficultés primitives mais où il fournit essentiellement les attributs conceptuels du modèle sans souci de perspective visuelle. C'est ainsi qu'un visage vu de profil aura un second œil parce qu'un bonhomme a deux yeux ou qu'un cavalier aura une jambe vue à travers le cheval en plus de la jambe visible ; on verra de même des pommes de terre dans la terre

d'un champ, si elles y sont encore, ou dans l'esto-
mac d'un monsieur, etc. (1).

Vers 8-9 ans par contre, à ce « réalisme intellectuel » succède un « réalisme visuel » qui présente
deux nouveautés. D'une part le dessin ne représente plus que ce qui est visible d'un point de vue
perspectif particulier : un profil ne fournit plus que
ce qui est donné de profil, les parties cachées des
objets ne sont plus figurées derrière les écrans
(on ne verra ainsi que le sommet d'un arbre derrière
une maison et non plus l'arbre entier) et les objets d'arrière-plan sont rapetissés graduellement
(fuyantes) par rapport à ceux du premier plan.
D'autre part, le dessin tient compte de la disposition des objets selon un plan d'ensemble (axes de
coordonnées) et de leurs proportions métriques.

L'intérêt de ces stades de Luquet est double. Ils constituent
d'abord une introduction remarquable à l'étude de l'image
mentale, dont nous allons voir (§ IV) qu'elle aussi obéit à des
lois plus proches de celles de la conceptualisation que de celles
de la perception. Mais ils témoignent surtout d'une remarquable convergence avec l'évolution de la géométrie spontanée
de l'enfant, telle que nous avons cherché à l'étudier depuis (2).

Les premières intuitions spatiales de l'enfant sont en effet
topologiques avant d'être projectives ou de se conformer à la
métrique euclidienne. Il existe par exemple un niveau où les
carrés, rectangles, cercles, ellipses, etc., sont uniformément
représentés par une même courbe fermée, sans droites ni
angles (le dessin du carré n'est approximativement correct

(1) A cette « transparence » s'ajoutent des mélanges de points de
vue ou pseudo-rabattements : Luquet cite l'exemple d'un dessin
de char où le cheval est vu de profil, l'intérieur du char vu d'en dessus
et les roues rabattues sur le plan horizontal. Il faut mentionner en
outre le procédé intéressant de figuration des récits. Tandis que
notre imagerie adulte, du moins moderne, ne figure qu'une tranche
d'événements simultanés par dessin sans y introduire des actions
chronologiquement successives, l'enfant comme certains peintres
primitifs n'utilisera qu'un seul dessin pour un déroulement chrono-
logique : on verra, par exemple, une montagne avec cinq ou six
bonshommes qui sont un seul personnage en cinq ou six positions
successives.
(2) J. PIAGET et B. INHELDER, La représentation de l'espace chez
l'enfant, Presses Universitaires de France, 1947.

qu'après 4 ans), tandis que des croix, des arcs de cercle, etc., seront figurés en tant que figures ouvertes. Vers 3 ans, entre le gribouillage et le « réalisme manqué », nous avons obtenu chez des enfants incapables de copier un carré des copies très exactes de figures fermées comportant un petit cercle à l'intérieur de leurs frontières ou à l'extérieur ou même sur la frontière (il est « entre dehors » disait alors un sujet).

Or, si le « réalisme intellectuel » du dessin enfantin ignore la perspective et les relations métriques, il tient compte des liaisons topologiques : voisinages, séparations, enveloppements, fermetures, etc. D'une part, de ces intuitions topologiques procèdent, à partir de 7-8 ans, des intuitions projectives en même temps que s'élabore une métrique euclidienne, c'est-à-dire qu'apparaissent les deux caractères essentiels du « réalisme visuel » du dessin. Par ailleurs, dès cet âge, se constituent la droite projective ou ponctuelle (liée à la conduite de la visée) ainsi que la perspective élémentaire : l'enfant devient capable d'anticiper par le dessin la forme d'un objet que l'on présente mais qui doit être dessiné tel qu'il serait vu par un observateur situé à droite ou en face de l'enfant. Dès 9-10 ans le sujet choisit correctement parmi plusieurs le dessin correct représentant trois montagnes ou trois bâtiments vus de tel ou tel point de vue. D'autre part, et synchroniquement, se constituent la droite vectorielle (conservation d'une direction), le groupe représentatif des déplacements, la mesure née d'une synthèse de la partition et de l'ordre des déplacements (voir chap. IV, § II), les similitudes et proportions et l'achèvement de la mesure à deux et trois dimensions en fonction d'un système de références ou coordonnées naturelles : dès 9-10 ans (mais chose intéressante, guère auparavant) la moyenne des enfants devient capable de tracer d'avance le niveau horizontal que prendra l'eau dans un bocal auquel on donne diverses inclinaisons ou la ligne verticale du mât d'un bateau posé sur cette eau (on dessine les bocaux au trait et l'enfant indique les horizontales et verticales en recourant à des références extérieures à la figure, ce qu'il ne sait précisément pas faire auparavant) (1).

_____

(1) On voit ainsi que l'évolution du dessin est solidaire de toute la structuration de l'espace, selon les différents stades de ce développement. Il ne faut donc pas s'étonner que le dessin de l'enfant ait pu servir de test de développement intellectuel : F. Goodenough, Prudhommeaux et A. Rey ont fourni d'utiles études à cet égard, avec échelles standardisées portant en particulier sur les stades du « bonhomme ». On a de même utilisé le dessin à titre d'indication affective, notamment le psychanalyste Morgenstern dans le cas des enfants frappés de mutité sélective.

IV. — Les images mentales (1)

La psychologie associationniste considérait l'image comme un prolongement de la perception et comme un élément de la pensée, celle-ci ne consistant qu'à associer entre elles sensations et images. Nous avons déjà vu (chap. Ier, § I) qu'en fait les « associations » sont toujours des assimilations. Quant aux images mentales, il existe au moins deux bonnes raisons pour douter de leur filiation directe à partir de la perception. Du point de vue neurologique, l'évocation intérieure d'un mouvement déclenche les mêmes ondes électriques, corticales *(E.E.G.)* ou musculaires *(E.M.G.)* que l'exécution matérielle du mouvement, ce qui revient à dire que son évocation suppose une ébauche de ce mouvement. Du point de vue génétique, si l'image prolongeait sans plus la perception, elle devrait intervenir dès la naissance, tandis qu'on n'en observe aucune manifestation au cours de la période sensori-motrice et qu'elle semble débuter seulement avec l'apparition de la fonction sémiotique (2).

1. Les problèmes de l'image. — Il semble ainsi que les images mentales soient d'apparition rela-

---

(1) J. PIAGET et B. INHELDER, *L'image mentale chez l'enfant*, Presses Universitaires de France, 1966.
(2) Il est vrai que les psychanalystes admettent une capacité très précoce d'halluciner la réalisation des désirs, mais il en faudrait fournir la preuve. On a pu espérer récemment la possibilité d'un tel contrôle, car N. Kleitman et E. Aserinsky sont parvenus à prendre des électrorétinogrammes pendant le sommeil qui paraissent correspondre à des images visuelles de rêve (mouvements oculaires rapides distincts des mouvements lents habituels). W. Dement a réussi à appliquer cette technique à des nouveau-nés, mais il a trouvé chez eux une abondance de ces mouvements rapides bien plus grande que dans la suite et on en a relevé également chez l'Opossum (sorte de fossile vivant) de plus nombreux que chez le Chat ou chez l'Homme, ce qui semble indiquer que ces mouvements rapides présentent d'autres fonctions (nettoyage ou détoxication) avant d'atteindre les coordinations permettant l'évocation visuelle. Dement conclut donc que ses recherches avec E. A. Wolpert ne confirment pas l'interprétation psychanalytique du rêve.

tivement tardive et qu'elles résultent d'une imitation intériorisée, leur analogie avec la perception
ne témoignant pas d'une filiation directe, mais du
fait que cette imitation cherche à fournir une
copie active des tableaux perceptifs, avec éventuellement des ébauches de réafférences sensorielles.

Quant au problème des relations entre l'image et la pensée,
tant Binet que les psychologues allemands de l'école de
Wurzbourg (de Marbe et Külpe à Bühler) ont montré l'existence de ce qu'ils appelaient une pensée sans image : on peut
imaginer un objet, mais le jugement qui affirme ou qui nie
son existence n'est pas lui-même imagé. Cela revient à dire
que jugements et opérations sont étrangers à l'image, mais
cela n'exclut pas que celle-ci joue un rôle à titre non pas
d'élément de la pensée mais d'auxiliaire symbolique complémentaire du langage. En effet, celui-ci ne porte jamais que
sur des concepts ou sur des objets conceptualisés à titre de
classes singulières (« mon père », etc.) et le besoin subsiste,
chez l'adulte aussi bien que chez l'enfant, d'un système de
signifiants portant non pas sur des concepts, mais sur les
objets comme tels et sur toute l'expérience perceptive passée
du sujet : c'est à l'image qu'est dévolu ce rôle et son caractère de symbole (par opposition à « signe ») lui permet d'acqué-
rir une ressemblance plus ou moins adéquate, en même temps
que schématisée, avec les objets symbolisés.

Le problème que soulève l'image en psychologie
de l'enfant est alors de suivre au cours du développement les relations entre le symbolisme imagé et les
mécanismes pré-opératoires ou opératoires de la
pensée (1).

(1) Ce problème est assez parallèle à celui des relations entre
la perception et l'intelligence (chap. II, § IV), car la perception, l'imitation et l'image correspondent aux aspects figuratifs
des fonctions cognitives, par opposition aux aspects opératifs
(actions et opérations). Dans les deux cas les questions sont d'abord
d'établir si l'élément figuratif (l'image comme la perception) préfigure
certaines structures opératoires (notions, etc.) et dans quel sens :
filiation ou analogie de construction ? La question est ensuite de
déterminer si l'évolution des éléments figuratifs (images comme
perceptions) suit une marche indépendante, par simple développement interne, ou si elle suppose l'apport de facteurs extérieurs
tels que les facteurs opératoires.

2. Deux types d'images. — Or, l'analyse que nous avons conduite depuis quelques années sur le développement des images mentales entre 4-5 et 10-12 ans semble indiquer une différence assez nette entre les images du niveau pré-opératoire (jusque vers 7-8 ans mais avec de nombreux résidus plus tardifs) et celles des niveaux opératoires, qui semblent alors être influencées fortement par les opérations.

Il faut d'abord distinguer deux grandes catégories d'images mentales : les *images reproductrices*, qui se bornent à évoquer des spectacles déjà connus et perçus antérieurement, et les *images anticipatrices*, qui imaginent des mouvements ou transformations ainsi que leurs résultats, mais sans avoir assisté antérieurement à leur réalisation (comme on peut imaginer les transformations d'une figure géométrique sans les avoir encore matérialisées en un dessin). En principe, les images reproductives peuvent elles-mêmes porter sur des configurations statiques, sur des mouvements (changements de position) et sur des transformations (changements de forme), car ces trois sortes de réalités sont constamment offertes dans l'expérience perceptive du sujet. Si l'image procédait de la seule perception, on devrait donc trouver à tout âge, selon des fréquences correspondant à celles des modèles courants de la réalité, des images reproductrices appartenant à ces trois sous-catégories statiques, cinétiques et de transformation.

Or, l'un des principaux enseignements des faits recueillis est qu'au niveau pré-opératoire les images mentales de l'enfant sont presque exclusivement statiques, avec difficulté systématique à reproduire des mouvements ou des transformations ainsi que leurs résultats eux-mêmes. Ce n'est qu'au niveau des opérations concrètes (après 7-8 ans) que les enfants parviennent à ces reproductions de mouvements et de transformations, en même temps qu'aux images anticipatrices de catégories correspondantes. Cela semble donc prouver : 1) que la reproduction imagée de mouvements ou de transformations même connus suppose elle aussi une anticipation ou une réanticipation ; et 2) que toute image (reproductrice comme anticipatrice) de mouvements ou de transformations s'appuie sur les opérations qui permettent de comprendre ces processus en même temps que de les imaginer.

3. Les images-copies. — Pour introduire quelque clarté dans cette situation complexe, commençons par l'examen de ce que l'on peut appeler les images-copies, dans lesquelles le modèle reste sous les yeux du sujet ou vient d'être perçu l'instant auparavant, sans qu'il y ait évocation différée à des jours ou des semaines de distance, comme dans les épreuves portant sur des translations ou rotations de modèles (courants dans l'expérience de l'enfant mais non présentés à nouveau au moment de l'interrogation) (1).

Une expérience faite avec B. Matalon a consisté, par exemple, à poser une tige horizontale de 20 cm sur une feuille de papier et à demander trois fois à l'enfant de la dessiner dans son prolongement immédiat, à droite : 1) après avoir imaginé qu'elle tourne de 180° pour se placer en cette position ; 2) après avoir imaginé qu'on la pousse simplement (translation) en cette même position ; et 3) à titre de simple copie graphique, sans allusion à aucun mouvement, et toujours dans la même position. (On varie naturellement l'ordre : 1, 2, 3 ; 3, 2, 1 ; etc.)

On constate d'abord un fait qui s'est révélé très général : la copie graphique 3) est à 5 ans plus courte que le modèle, d'environ — 13,5 % (= 17,3 cm en moyenne), et cette dévaluation systématique diminue ensuite avec l'âge (— 10,5 % à 7 ans, etc.) pour disparaître chez l'adulte. Ce phénomène se retrouve quand on demande aux jeunes sujets un simple tracé digital sur la table (sans dessin), mais il disparaît quand on prie l'enfant de montrer la longueur en l'air, à titre d'intervalle entre les deux index dressés. Une telle dévalorisation,

---

(1) L'image-copie consiste ainsi en une simple imitation matérielle (graphique ou gestuelle) par opposition à l'image mentale qui est une imitation intériorisée.

retrouvée en toutes les autres expériences, ne comporte, sem-
ble-t-il, qu'une explication : habitués à juger des longueurs de
façon ordinale et non pas métrique, c'est-à-dire par l'ordre
des points d'arrivée et non pas par l'intervalle entre les extrémités (sauf dans le cas des index dressés), les jeunes sujets
s'appliquent à ne pas dépasser la frontière terminale du modèle ; peu importe que la copie soit plus courte (car elle fait
encore en ce cas partie de la longueur modèle), l'essentiel est
qu'elle ne soit pas trop longue.

Or, dans le cas des questions 1) et 2), les dessins fournis
sont encore plus réduits (— 20,5 % à 5 ans pour la rotation
et — 19 % pour la translation) : les imitations graphiques de
la longueur modèle sont donc encore davantage inhibées,
bien que le modèle demeure sous les yeux de l'enfant et que
la copie se fasse à la même place qu'en 3). On voit ainsi
d'emblée la complexité d'un simple trait de crayon, dont
l'intention d'imiter la longueur modèle exige tout un projet
d'exécution, et un projet dont les lois sont plus proches de la
conceptualisation que de la simple perception (1).

4. Images cinétiques et de transformations. —
Passons aux images proprement mentales. Rappelons d'abord la grande difficulté expérimentale de
les atteindre, puisqu'elles sont intérieures. On ne
dispose donc que de moyens indirects, mais dont
les recoupements présentent cependant quelques
garanties : dessin de l'enfant, choix de l'enfant
parmi des dessins préparés d'avance, indications

---

(1) Pour passer aux copies gestuelles, et portant cette fois sur des
modèles cinétiques (car l'image-copie cinétique est naturellement
plus facile que l'évocation différée d'un mouvement par images
proprement mentales), nous avons demandé avec A. Etienne à des
enfants de 3 à 6 ans de reproduire différents modèles très simples. Deux
plots sont actionnés de manière à décrire des mouvements de lancement
ou d'entraînement (cf. les figures de Michotte rappelées au chap. II, § I),
de va-et-vient symétriques, de croisement, etc., et les sujets sont
priés de reproduire ces mouvements, avec des plots également,
pendant qu'on les exécute lentement ou en consécution immédiate.
Or, d'une part, on observe de nombreuses erreurs dans la copie,
dues à la prédominance des « bonnes formes » motrices (mouvements
symétriques) sur les formes quelconques. D'autre part, et surtout,
on constate jusqu'à 5 ans un écart (très notable à 3 ans et diminuant
ensuite) entre les reproductions simultanées et les reproductions en
consécution immédiate : ce n'est qu'à 6 ans que la valeur de ces
dernières rejoint celle des premières : c'est là un premier indice très
significatif de la difficulté des images cinétiques.

gestuelles et commentaires verbaux (délicats mais possibles à l'occasion des trois techniques précédentes). Cela dit, la plus simple des images reproductrices cinétiques nous a semblé, avec F. Frank et T. Bang, être constituée par celle d'un carré posé au-dessus d'un autre (le côté supérieur de ce dernier étant adjacent au côté inférieur du premier) et dont il s'agit d'anticiper un léger déplacement. On s'est d'abord assuré par ailleurs que l'enfant sait bien dessiner en copie (ce qui est le cas dès 5 1/2 ans) le modèle exact, donc un carré partiellement superposé à un autre et partiellement en surplomb. Or, si étrange que cela paraisse, le dessin de représentation imagée et non pas de copie n'est réussi en moyenne qu'à 7 ans et au-delà. Les jeunes sujets se bornent, en effet, à dessiner le carré dans sa position initiale, ou à côté de l'autre carré. Lorsqu'ils parviennent à marquer un léger déplacement, ils amincissent le carré supérieur (mobile) ou allongent l'inférieur, de manière à ce que le carré déplacé ne dépasse pas la frontière de l'autre (1) !

(1) Lorsque les carrés sont présentés de façon telle que l'un recouvre entièrement l'autre (expérience faite avec F. Frank et J. Bliss : on emploie en ce cas des carrés transparents mais bordés l'un de rouge et l'autre de noir), l'enfant, invité à anticiper un déplacement progressif, dessine cette fois volontiers le dépassement du carré rouge par rapport au noir, mais il se refuse par contre à dessiner le côté parallèle du rouge, que l'on voit par transparence au milieu du noir. Cette réaction est d'autant plus curieuse que, dans ses dessins spontanés, l'enfant marque souvent des « transparences », comme dit Luquet, mais en quelque sorte illégitimes, comme la seconde jambe d'un cavalier vue à travers le cheval dessiné de profil. Dans le cas particulier où les carrés sont transparents en fait, le refus de dessiner un côté rouge qui coupe le carré noir tient à nouveau à un problème de frontière, mais cette fois relatif à une intersection : l'enfant a l'impression qu'en coupant le carré noir en deux, par introduction d'une ligne rouge appartenant à l'autre carré, on altère l'image du carré noir, dont la surface doit demeurer intacte. Comme dans le cas du refus de dépasser la frontière, il s'agit donc d'une sorte de « pseudo-conservation » propre à l'image, d'autant plus curieuse qu'elle est respectée aux dépens de la conservation de la surface (carrés superposés) ou de la conservation d'un côté (carrés en recouvrement : côté rouge).

D'autres réactions surprenantes, par rapport à la fréquence des modèles quotidiens qui auraient pu assurer une représentation exacte, sont les images reproductrices de la rotation de 90° d'une tige (comme dans le cas de l'aiguille d'une montre ou encore d'un bâton dressé qui tombe à terre) ou de la culbute d'un tube décrivant une rotation de 180°. Dans le premier de ces deux cas, la tige est fixée par un clou à sa base, de telle sorte qu'elle est animée d'un mouvement régulier autour de ce centre fixe de pivotement : or, les jeunes sujets ne tiennent aucun compte de ce fait qu'on leur signale cependant clairement, et dessinent des trajectoires à angle droit (comme si la tige glissait le long de ses positions initiale et finale ou le long de leurs symétriques en carré) ou se coupant selon des angles quelconques, etc. Dans le cas du tube, celui-ci est coloré en rouge et en bleu à ses deux extrémités et, dépassant le bord d'une boîte, il est l'objet d'une pression du doigt sur la partie libre, ce qui provoque sa culbute avec chute en position renversée quelques centimètres plus loin sur la table : or, les sujets qui prévoient assez bien la permutation des extrémités colorées (50 % environ dès 5 ans et 100 % à 8 ans) n'arrivent que tard à dessiner deux ou trois des positions intermédiaires du tube (42 % de réussite à 7 ans et 60 % à 8 ans), et, chose remarquable, n'arrivent guère mieux à imiter le mouvement de culbute par un geste au ralenti en tenant le tube en main (45 % à 7 ans et 70 % à 8 ans, d'après les résultats recueillis avec E. Schmid-Kitsikis). On voit que les mouvements de l'ordre le plus banal (car quel enfant n'a-t-il pas fait lui-même des culbutes ?) ne donnent lieu qu'à des images reproductives cinétiques assez pauvres, avant le niveau des opérations concrètes (7-8 ans) et encore en retard sur le début de ces dernières.

Comme exemple d'image de transformation, on peut citer une épreuve étudiée de près avec F. Frank et qui porte sur l'étirement d'un arc (en fil de fer bien flexible) en une droite ou au contraire sur le courbement de la droite en un arc. Ici à nouveau on assiste à une difficulté remarquable à imaginer les positions intermédiaires. Quant aux résultats de la transformation, on retrouve chez les jeunes sujets (jusque vers 7 ans) un remarquable effet de frontière : la droite résultant de l'étirement de l'arc est dévaluée de — 34 % à 5 ans (compte tenu de la dévaluation générale des copies de droites ou d'arc) parce qu'il importe pour le sujet qu'elle ne dépasse pas les frontières extrêmes de l'arc ; et l'arc résultant du courbement de la droite est surestimé de + 29 % à 5 ans de manière à ce que ses extrémités rejoignent celles de la droite.

On voit ainsi qu'il n'est pas exagéré de parler du caractère statique des images pré-opératoires, les images cinétiques et de transformation ne devenant possibles qu'après 7-8 ans et cela grâce à des anticipations ou réanticipations qui s'appuient sans doute elles-mêmes sur la compréhension opératoire.

5. Images et opérations. — Venons-en donc à l'analyse directe des relations entre la représentation imagée et l'opération, et contentons-nous de deux exemples, car ils convergent tous. La technique consiste à présenter des épreuves habituelles de conservation opératoire (voir chap. IV, § II) mais, au lieu d'interroger le sujet sur les transformations qu'il vient de constater matériellement, on lui demande d'abord d'anticiper ce qui va se passer en imaginant les phases et les résultats des transformations.

Dans l'épreuve de la conservation des liquides, où l'on dispose d'un verre A de départ, d'un verre B plus mince et d'un verre C plus large, on demande ainsi de prévoir le résultat du transvasement de A en B et en C avant de l'effectuer et d'indiquer notamment les niveaux qui seront atteints par l'eau. Deux résultats intéressants (obtenus par S. Taponier) sont alors à noter quant aux réactions des sujets pré-opératoires (5-7 ans). La plupart d'entre eux s'attendent à une sorte de conservation générale qui est en fait une « pseudoconservation » : même quantité à boire mais aussi mêmes niveaux en A, en B et en C, et c'est ensuite, lorsqu'ils voient que l'eau monte plus haut en B qu'en A et moins haut en C, qu'ils commencent à nier toute conservation des quantités. Les sujets d'un second groupe, au contraire, moins nombreux que le premier, prévoient correctement que l'eau montera davantage en B et moins en C qu'en A, mais en concluent d'avance que la quantité de liquide ne se conservera pas ; et, quand on leur demande de verser autant à boire en A et en B, ils maintiennent exactement le même niveau dans les deux verres. On voit, chez les sujets de ce second groupe, que si l'image reproductrice des niveaux est exacte, évidemment parce que due à quelque expérience antérieure, elle ne suffit nullement à

entraîner l'opération et la conservation, faute de compréhension de la compensation : l'enfant a beau dire que l'eau montera plus en B « parce que le verre est plus mince », il n'en
parvient pas pour autant à conclure « plus haut × plus
mince = même quantité » et ne considère la minceur de B
qu'à titre d'indice empirique permettant de prévoir (mais non
pas de comprendre) la hausse du niveau de l'eau.

Une autre expérience donne des résultats parallèles. Lorsque
l'enfant de 5-6 ans a mis 12 jetons rouges en regard de 12 bleus
pour vérifier qu'il y en a autant, il suffit d'espacer les bleus
ou les rouges pour qu'il conclue que la rangée plus longue
contient plus d'éléments. On peut donc se demander si cette
non-conservation est due à une difficulté d'imaginer les petits
déplacements et le retour en place des éléments déplacés.
Nous avons alors construit un appareil à couloirs, en forme
d'éventail, tel que chaque jeton bleu de la rangée serrée
supérieure corresponde à un jeton de la rangée espacée infé-
rieure par l'intermédiaire d'un couloir à l'intérieur duquel le
jeton d'en bas peut circuler jusqu'à rejoindre son correspondant d'en haut. Or, ce dispositif ne modifie en rien les idées
de l'enfant : il a beau imaginer parfaitement les trajets, il
n'en conclut pas moins, en se plaçant à un point de vue
transversal plus que longitudinal, que les jetons augmentent
quand la rangée s'allonge et diminuent quand elle se raccourcit.
Après que S. Taponier eut étudié les effets par déplacements
successifs, M. Aboudaram a introduit un mécanisme permettant
de monter ou descendre les 12 jetons à la fois de la rangée
mobile : les réactions sont demeurées exactement les mêmes.

De ces divers faits et de bien d'autres encore,
on peut donc conclure que les images mentales ne
constituent qu'un système de symboles traduisant
plus ou moins exactement, mais en général avec
retard, le niveau de compréhension pré-opératoire
puis opératoire des sujets. L'image ne suffit donc
point à engendrer les structurations opératoires :
tout au plus peut-elle servir, lorsqu'elle est suffisamment adéquate (cf. la représentation des niveaux d'eau chez le second groupe de sujets cités
plus haut), à préciser la connaissance des états que
l'opération reliera ensuite par un jeu de transformations réversibles. Mais l'image en elle-même

demeure statique et discontinue (cf. le « procédé cinématographique » que Bergson attribuait à l'intelligence elle-même, en oubliant l'opération, alors qu'il caractérise seulement la représentation imagée). Lorsque, après 7-8 ans, l'image devient anticipatrice et par conséquent mieux à même de servir de support aux opérations, ce progrès ne résulte pas d'une modification interne et autonome des images, mais bien de l'intervention d'apports extérieurs, qui sont dus à la formation des opérations. Celles-ci dérivent, en effet, de l'action elle-même, et non pas du symbolisme imagé, pas plus d'ailleurs que du système des signes verbaux ou du langage, dont il va être question maintenant.

V. — La mémoire et la structure des souvenirs-images

On a trop peu étudié la mémoire de l'enfant et l'on s'est surtout attaché à des mesures de rendement (performances). C'est ainsi que, en lisant 15 mots au sujet et en cherchant ce qu'il en reste après une minute, Claparède a constaté une augmentation progressive avec l'âge jusqu'à 8 mots en moyenne chez l'adulte.

Mais le problème principal du développement de la mémoire est celui de son organisation progressive. On sait qu'il existe deux types de mémoire : celle de *récognition*, qui joue en présence seulement de l'objet déjà rencontré et qui consiste à le reconnaître, et la mémoire d'*évocation* qui consiste à l'évoquer en son absence par le moyen d'un souvenir-image. La mémoire de récognition est très précoce (elle existe déjà chez les Invertébrés inférieurs) et est nécessairement liée à des schèmes d'action ou d'habitude. Chez le nourrisson, ses racines sont à chercher dès les schèmes d'assimilation sensori-motrice élémentaire : reconnaître le mamelon, au cours de la tétée, s'il a été lâché (et le distinguer des téguments environnants), reconnaître l'objet suivi des yeux s'il a été un instant perdu de vue, etc. Quant à la mémoire d'évocation, qui n'apparaît pas avant l'image mentale, le langage (Janet la rattache à la « conduite du récit »), etc., elle soulève un problème essentiel : celui de son indépendance ou de sa dépendance par rapport au schématisme général des actions et des opérations (1).

Cela dit, le problème de la mémoire est d'abord un problème de délimitation. Toute conservation du passé n'est pas mémoire, car un schème (du schème sensori-moteur jusqu'aux schèmes opératoires : classement, sériation, etc.) se conserve par son fonctionnement, même indépendamment de toute « mémoire » : ou, si l'on préfère, la mémoire d'un schème c'est ce schème lui-même. On peut donc supposer que ce que l'on appelle communément mémoire, une fois débarrassé des résidus de la psychologie des facultés, n'est pas autre chose que l'aspect figuratif des systèmes de schèmes en leur totalité, à partir des schèmes sensori-moteurs élémentaires (où l'aspect figuratif est la récognition perceptive) jusqu'aux schèmes supérieurs dont l'aspect figuratif d'ordre mnésique sera le souvenir-image.

C'est dans cette perspective que nous avons entrepris une série de recherches, nullement achevées (loin de là) mais dont quelques résultats sont déjà instructifs. On a présenté,

(1) Bergson a voulu introduire une opposition radicale entre le souvenir-image et le souvenir-moteur de la mémoire-habitude (liée d'ailleurs à la récognition, car toute habitude suppose des récognitions d'indices). Mais c'est là une introspection de philosophe et si l'on étudie le souvenir-image en son développement on voit qu'il est lui aussi lié à l'action. Nous avons, par exemple, étudié avec F. Frank et J. Bliss le souvenir, après quelques jours, d'un arrangement de cubes, selon que l'enfant s'est borné à les regarder ou les a copiés activement ou encore a regardé l'adulte les arranger (le tout en variant l'ordre de succession des épreuves). Or, l'action propre donne de meilleurs résultats que la perception et l'apprentissage dans l'ordre action → perception réussit mieux que dans l'ordre perception → action (avec au moins une semaine d'intervalle). Quant à la perception de l'action adulte, elle n'ajoute presque rien à la perception du seul résultat. L'image-souvenir est donc elle-même liée à des schèmes d'action et on trouve au moins dix paliers intermédiaires entre le souvenir-moteur avec simple récognition et la pure évocation en images indépendamment de l'action.

par exemple (avec H. Sinclair), dix baguettes sériées selon leurs différences en demandant une semaine après à l'enfant de les reproduire par le geste ou par le dessin, et on a travaillé sur deux groupes de sujets, le premier qui a simplement regardé les baguettes et le second qui les a décrites verbalement. On a déterminé, enfin, le niveau opératoire du sujet quant à la sériation. Le premier des résultats obtenus est que les sujets donnent, avec une régularité significative, un dessin correspondant à leur niveau opératoire (couples, petites séries incoordonnées, ou ‖‖ ‖‖ ‖‖, etc.) et non pas à la configuration présentée. Autrement dit, il semble en cet exemple que la mémoire fasse prédominer le schème correspondant au niveau de l'enfant : le souvenir-image porte alors sur ce schème et non pas sur le modèle perceptif (1).

Le second résultat instructif de cette expérience est que les mêmes sujets, revus six mois plus tard, ont fourni à titre de second dessin de mémoire (et sans avoir jamais revu le modèle) une série qui, dans 80 % des cas, s'est trouvée légèrement supérieure à la première (trios au lieu de couples, petites séries au lieu de trios, etc.). En d'autres termes, les progrès intellectuels du schème ont entraîné ceux du souvenir.

Quant à la conservation même des souvenirs, on sait que pour certains auteurs (Freud, Bergson) les souvenirs s'entassent dans l'inconscient où ils sont oubliés ou prêts à l'évocation, tandis que pour d'autres (P. Janet) l'évocation est une reconstitution s'effectuant d'une manière comparable à celle que pratique l'historien (récits, inférences, etc.). Les expériences récentes de Penfield sur la reviviscence de souvenirs par excitation électrique des lobes temporaux semblent parler en

---

(1) Une autre recherche (avec J. Bliss) a porté sur la transitivité des égalités. Un verre *A* long et mince contient la même quantité que *B* (forme usuelle) et *B* que *C* (verre bas et large), ces égalités se vérifiant par transvasement de *A* en *B'* (= *B*) avec retour en *A* et de *C* en *B''* (= *B'* = *B*) avec retour en *C*. On cherche ce qui reste de ces événements après une heure et après une semaine. Or, ici encore, l'enfant retient ce qu'il a compris et non pas ce qu'il a vu et cela n'est pas si naturel qu'on pourrait le penser. Les sujets d'un premier niveau, en particulier, dessinent par exemple le transvasement de *B* en *C* et réciproquement comme si ces deux mouvements étaient simultanés : « Mais on a fait l'un avant l'autre ? — Non, en même temps. — Mais alors ça se mélange ? » *A* va en *B'* en même temps qu'il revient, etc., le tout sans aucune relation transitive. Or, que l'enfant n'ait pas compris et ne puisse donc mémoriser des relations qu'il n'a pas comprises, tout cela va de soi : mais il aurait pu retenir la succession des événements perçus : or, tout au contraire, il les schématise en fonction de schèmes intellectuels et non pas vécus ! Les niveaux suivants sont également en corrélation étroite avec le niveau opératoire des sujets.

faveur d'une certaine conservation, mais de nombreuses observations (et l'existence de souvenirs faux quoique vivaces) montrent aussi le rôle de la reconstitution. La liaison des souvenirs avec les schèmes d'action, suggérée par les faits précédents et s'ajoutant à la schématisation des souvenirs comme tels, étudiée par F. Bartlett (1), permet de concevoir une telle conciliation en montrant l'importance des éléments moteurs ou opératoires à tous les niveaux de la mémoire. Comme d'autre part l'image qui intervient dans le souvenir-image paraît constituer une imitation intériorisée, ce qui comporte également un élément moteur, la conservation de souvenirs particuliers vient s'inscrire sans difficulté dans un tel cadre d'interprétation possible.

VI. — Le langage

Chez l'enfant normal le langage apparaît à peu près en même temps que les autres formes de la pensée sémiotique. Chez le sourd-muet, par contre, le langage articulé n'est acquis que bien après l'imitation différée, le jeu symbolique et l'image mentale, ce qui semble indiquer son caractère génétique dérivé, puisque sa transmission sociale ou éducative suppose sans doute la constitution préalable de ces formes individuelles de *semiosis* ; au contraire, cette constitution, comme le prouve le cas de la surdimutité, est indépendante du langage (2). Les sourds-muets parviennent d'ailleurs, en leur vie collective propre, à l'élaboration d'un langage par gestes qui est d'un vif intérêt, puisqu'il est à la fois social et issu des signifiants de caractère imitatif qui interviennent sous une forme individuelle dans l'imitation différée, dans le jeu symbolique et dans l'image relativement proche du jeu

(1) F. C. BARTLETT, *Remembering*, Cambridge University Press, 1932.
(2) On trouve d'autre part chez le Chimpanzé un début de fonction symbolique, lui permettant par exemple de garder en réserve des jetons permettant d'obtenir des fruits dans un distributeur automatique (expérience de J. B. Wolfe) et même de les offrir en cadeaux à des camarades peu favorisés (Nyssen et Crawford).

symbolique : avec ses propriétés d'efficacité adaptative et non pas ludiques, ce langage par gestes constituerait, s'il était général, une forme indépendante et originale de fonction sémiotique, mais chez les individus normaux il est rendu inutile par la transmission du système collectif des signes verbaux liés au langage articulé.

1. **Évolution.** — Celui-ci débute, après une phase de lallation spontanée (commune aux enfants de toutes les cultures de 6 à 10-11 mois) et une phase de différenciation de phonèmes par imitation (dès 11-12 mois), par un stade situé au terme de la période sensori-motrice et qu'on a souvent décrit comme étant celui des « mots-phrases » (Stern). Ces mots uniques peuvent exprimer tour à tour des désirs, des émotions ou des constatations (le schème verbal devenant instrument d'assimilation et de généralisation à partir des schèmes sensori-moteurs).

Dès la fin de la seconde année, on signale des phrases à deux mots, puis de petites phrases complètes sans conjugaisons ni déclinaisons, et ensuite une acquisition progressive de structures grammaticales. La syntaxe des enfants de 2 à 4 ans a donné lieu récemment à des travaux d'un grand intérêt dus à R. Brown, J. Berko, etc., à Harvard et à S. Ervin et W. Miller à Berkeley (1). Ces recherches, s'inspirant des hypothèses de N. Chomsky sur la constitution des règles grammaticales, ont en effet montré que l'acquisition des règles syntactiques ne se réduisait pas à une imitation passive, mais comportait, non seulement une part non négligeable d'assimilation généralisatrice, ce que l'on savait plus ou moins, mais encore certaines constructions originales, dont R. Brown a dégagé certains modèles. De plus, il a montré que ces réductions des phrases adultes à des modèles originaux enfantins obéissaient à certaines exigences fonctionnelles, telles que la conservation d'un *minimum* d'information nécessaire et la tendance à majorer ce *minimum*.

2. **Langage et pensée.** — En plus de ces analyses très prometteuses sur les relations entre le langage enfantin, les théories propres au structuralisme

---

(1) The acquisition of Language, ed. BELLUGI et BROWN, *Monographs of the Society for research in child Development*, n° 92, 1964.

linguistique et la théorie de l'information, le grand
problème génétique que soulève le développement
de ce langage est celui de ses relations avec la
pensée et avec les opérations logiques en particulier. Ce sont d'ailleurs là, en fait, deux problèmes
distincts, car si chacun admet que le langage décuple
les pouvoirs de la pensée en étendue et en rapidité,
la question de la nature linguistique ou non des
structures logico-mathématiques est beaucoup plus
controversée.

A comparer, en effet, les conduites verbales aux
conduites sensori-motrices on observe trois grandes
différences à l'avantage des premières. Tandis que
les secondes sont obligées de suivre les événements
sans pouvoir dépasser la vitesse de l'action, les
premières, grâce au récit et aux évocations de tous
genres, peuvent introduire des liaisons à une rapidité
bien supérieure. En second lieu, tandis que les
adaptations sensori-motrices sont limitées à l'espace
et au temps proches, le langage permet à la pensée
de porter sur des étendues spatio-temporelles bien
plus vastes et de se libérer de l'immédiat. En troisième lieu et en conséquence des deux différences
précédentes, tandis que l'intelligence sensori-motrice procède par actions successives et de proche en
proche, la pensée parvient, grâce en particulier au
langage, à des représentations d'ensemble simultanées.

Mais il faut bien comprendre que ces progrès
de la pensée représentative par rapport au système
des schèmes sensori-moteurs sont en réalité dus
à la fonction sémiotique dans son ensemble : c'est
elle qui détache la pensée de l'action et qui crée
donc en quelque sorte la représentation. Il faut
cependant reconnaître qu'en ce processus formateur
le langage joue un rôle particulièrement important,

car, contrairement aux autres instruments sémiotiques (images, etc.) qui sont construits par l'individu au fur et à mesure des besoins, le langage est déjà tout élaboré socialement et contient d'avance, à l'usage des individus qui l'apprennent avant de contribuer à l'enrichir, un ensemble d'instruments cognitifs (relations, classifications, etc.) au service de la pensée.

3. **Langage et logique.** — Est-ce alors à dire, comme certains l'ont extrapolé, que, puisque le langage comporte une logique, cette logique inhérente au système de la langue constitue non seulement le facteur essentiel ou même unique de l'apprentissage de la logique par l'enfant ou par un individu quelconque (en tant que soumis aux contraintes du groupe linguistique et de la société en général), mais encore la source de toute logique dans l'humanité entière ? Ces opinions sont celles, à des variantes près, d'un sens commun pédagogique toujours vivant hélas, de feu l'école sociologique de Durkheim et d'un positivisme logique encore à l'œuvre en bien des milieux scientifiques. Selon ce dernier, en effet, la logique des logiciens eux-mêmes n'est pas autre chose qu'une syntaxe et une sémantique généralisées (Carnap, Tarski, etc.).

Or, il existe deux sources de renseignements particulièrement importants : la comparaison des enfants normaux avec les sourds-muets, d'une part, qui n'ont pas bénéficié du langage articulé mais sont en possession de schèmes sensori-moteurs intacts, et avec les aveugles, d'autre part, dont la situation est inverse ; et la comparaison systématique des progrès du langage chez l'enfant normal avec les étapes de la constitution des opérations intellectuelles.

La logique des sourds-muets a été étudiée à Paris par M. Vincent (1), P. Oléron (2), etc., en utilisant entre autres certaines épreuves opératoires de l'école genevoise, et à Genève par F. Affolter. Les résultats ont été que, si l'on observe un certain retard plus ou moins systématique de la logique chez le sourd-muet, on ne peut pas parler de carence proprement dite car on retrouve les mêmes stades d'évolution avec un retard de 1 à 2 ans. La sériation et les opérations spatiales sont normales (avec un léger retard pour la première). Les classifications présentent leurs structures générales et sont seulement un peu moins mobiles lors des changements suggérés de critères que chez les enfants qui bénéficient des incitations dues aux échanges multiples. L'apprentissage de l'arithmétique est relativement aisé. Les problèmes de conservation (indice de la réversibilité) ne sont résolus qu'avec environ 1-2 ans de retard, sauf la conservation des liquides qui donne lieu à des difficultés techniques particulières dans la présentation de la consigne (parce qu'il s'agit de faire comprendre que les questions portent sur le seul contenu des récipients et non pas sur les contenants).

Ces résultats acquièrent une signification d'autant plus grande que chez les jeunes aveugles, étudiés par Y. Hatwell, les mêmes épreuves donnent lieu à un retard s'étendant jusqu'à 4 ans et davantage, y compris les questions élémentaires portant sur des relations d'ordre (succession, position « entre », etc.). Et cependant chez les aveugles les sériations verbales sont normales (*A* est plus petit que *B*, *B* plus petit que *C*, donc...). Mais le trouble sensoriel propre aux aveugles de naissance ayant empêché dès le départ l'adaptation des schèmes sensori-moteurs et retardé leur coordination générale, les coordinations verbales ne suffisent pas à compenser ce retard et tout un apprentissage de l'action reste nécessaire pour aboutir à la constitution d'opérations comparables à celles du normal ou même du sourd-muet.

4. Langage et opérations. — La comparaison des progrès du langage avec ceux des opérations intellectuelles suppose la double compétence d'un linguiste et d'un psychologue. Notre collaboratrice

(1) VINCENT-BORELLI, La naissance des opérations logiques chez les sourds-muets, *Enfance*, 1951 (4), 222-38, et *Enfance*, 1956, 1-20.
(2) OLÉRON et HERREN, L'acquisition des conservations et le langage, *Enfance*, 1961, 41, 201-219.

H. Sinclair, qui remplit ces deux conditions, a entrepris à cet égard un ensemble de recherches dont voici un ou deux échantillons.

On choisit deux groupes d'enfants, les uns nettement préopératoires, c'est-à-dire ne possédant aucune notion de conservation, les autres acceptant telle de ces notions et la justifiant par des arguments de réversibilité et de compensation. On montre, d'autre part, à ces deux groupes de sujets différents couples d'objets (un grand et un petit ; un ensemble de 4-5 billes et un autre de 2 ; un objet à la fois plus court et plus large qu'un autre, etc.) et on fait décrire simplement ces couples en tant que l'un des termes est offert à un premier personnage et l'autre à un second, mais sans que cette description soit liée à aucun problème de conservation. Or, il se trouve que le langage des deux groupes diffère systématiquement : là où le premier groupe n'emploie guère que des« scalaires» (au sens linguistique), « celui-là a un grand, celui-là un petit ; celui-là a beaucoup, celui-là pas beaucoup », le second groupe utilise des « vecteurs » : « celui-là a un plus grand que l'autre », « il en a plus », etc. Là où le premier groupe ne considère qu'une dimension à la fois, le second groupe dira « ce crayon est plus long et plus mince », etc. Bref, il y a corrélation surprenante entre le langage employé et le mode de raisonnement. Une seconde recherche montre de même une connexion étroite entre les stades du développement de la sériation et la structure des termes utilisés.

Mais en quel sens interpréter cette relation ? D'une part, l'enfant du niveau préopératoire comprend bien les expressions de niveau supérieur quand on les insère dans des ordres ou consignes (« Donne à celui-là un crayon plus grand », etc.), mais il ne les utilise pas spontanément. D'autre part, quand on le dresse à les utiliser, par un apprentissage proprement linguistique, il y parvient quoique difficilement, mais cela ne modifie que peu ses notions de conservation (un cas sur dix environ ; par contre, la sériation est quelque peu améliorée parce qu'alors l'apprentissage linguistique porte en même temps sur l'acte même de comparaison, donc sur le concept lui-même).

Ces résultats, joints à ceux décrits § VI-3, semblent donc montrer que le langage ne constitue pas la source de la logique, mais est au contraire structuré par elle. En d'autres termes, les racines de la logique sont à chercher dans la coordination générale des actions (conduites verbales y comprises) à partir de ce niveau sensori-moteur, dont les schèmes semblent être d'importance fondamentale dès les débuts ; or, ce schématisme continue dans la suite de se développer et de structurer la pensée, même verbale, en fonction du progrès des actions, jusqu'à la constitution des opérations logico-mathématiques, aboutissement authentique de la logique des coordinations d'actions, lorsque celles-ci sont en état de s'intérioriser et de se grouper en structures d'ensemble. C'est ce que nous allons chercher à exposer maintenant.

5. Conclusion. — Malgré l'étonnante diversité de ses manifestations, la fonction sémiotique présente une unité remarquable. Qu'il s'agisse d'imitations différées, de jeu symbolique, de dessin, d'images mentales et de souvenirs-images ou de langage, elle consiste toujours à permettre l'évocation représentative d'objets ou d'événements non perçus actuellement. Mais réciproquement si elle rend ainsi possible la pensée, en lui fournissant un champ d'application illimité par opposition aux frontières restreintes de l'action sensori-motrice et de la perception, elle ne progresse que sous la direction et grâce aux apports de cette pensée ou intelligence représentative. Ni l'imitation, ni le jeu, ni le dessin, ni l'image, ni le langage, ni même la mémoire (à laquelle on aurait pu attribuer une capacité d'enregistrement spontané comparable à celui de la perception) ne se développent ni ne s'organisent sans le secours constant de la structuration propre à l'intelligence. Le moment est donc venu d'examiner l'évolution de celle-ci à partir du niveau de la représentation, constituée grâce à cette fonction sémiotique.

Chapitre IV

LES OPÉRATIONS « CONCRÈTES »
DE LA PENSÉE
ET LES RELATIONS INTERINDIVIDUELLES

Une fois développés les principaux schèmes sensori-moteurs (chap. Ier) et une fois élaborée à partir de 1 1/2 à 2 ans la fonction sémiotique (chap. III), on pourrait s'attendre à ce que celle-ci suffise à permettre une intériorisation directe et rapide des actions en opérations. La constitution du schème de l'objet permanent et celle du « groupe » pratique des déplacements (chap. Ier, § II) préfigurent, en effet, la réversibilité et les conservations opératoires dont ils semblent annoncer la formation prochaine. Or, il faut attendre jusque vers 7 et 8 ans pour que cette conquête se réalise et il s'agit de comprendre les raisons de ce retard si l'on veut saisir la nature complexe des opérations.

I. — Les trois niveaux du passage de l'action à l'opération

En fait la présence même de ce retard démontre l'existence de trois niveaux à distinguer et non pas de deux seuls, comme on le fait avec Wallon (1) lorsqu'on se borne à la succession « de l'acte à la pensée » : il y a au départ le niveau sensorimoteur d'action directe sur le réel ; il y a le niveau des opérations, dès 7-8 ans, qui portent également sur les transformations du réel, mais par des actions intériorisées et groupées en systèmes cohérents et réversibles (réunir et dissocier, etc.) ;

(1) H. Wallon, *De l'acte à la pensée*, Flammarion, 1942.

et entre deux il y a, de 2-3 à 6-7 ans, un niveau qui n'est pas
de simple transition, car, s'il est assurément en progrès sur
l'action immédiate, que la fonction sémiotique permet d'intérioriser, il est marqué certainement aussi par des obstacles
sérieux et nouveaux puisqu'il faut 5 ou 6 ans pour passer de
l'action à l'opération. Que peuvent donc être ces obstacles ?

Il faut en premier lieu considérer le fait qu'une réussite en
action ne se prolonge pas sans plus en une représentation
adéquate. Dès 1 1/2 à 2 ans, l'enfant est donc en possession
d'un groupe pratique de déplacements qui lui permet de s'y
retrouver, avec retours et détours, dans son appartement ou
dans son jardin. Nous avons vu de même des enfants de
4-5 ans qui font chaque jour seuls un trajet de dix minutes
de la maison à l'école et inversement. Mais si on leur demande
de représenter ce trajet au moyen d'un ensemble de petits
objets tridimensionnels en carton (maisons, église, rues,
rivière, squares, etc.) ou d'indiquer le plan de l'école telle
qu'on la voit par l'entrée principale ou du côté de la rivière,
ils n'arrivent pas à reconstituer les relations topographiques
qu'ils utilisent sans cesse en action : leurs souvenirs sont en
quelque sorte moteurs et n'aboutissent pas sans plus à une
reconstitution simultanée d'ensemble. Le premier obstacle à
l'opération est donc la nécessité de reconstruire sur ce plan
nouveau qu'est celui de la représentation ce qui était déjà
acquis sur celui de l'action.

En second lieu cette reconstruction comporte alors un processus formateur analogue à celui que nous avons décrit
(chap. Ier, § II) sur le plan sensori-moteur : le passage d'un état
initial où tout est centré sur le corps et l'action propres à un état
de décentration dans lequel ceux-ci sont situés en leurs relations
objectives par rapport à l'ensemble des objets et des événements repérés dans l'univers. Or, cette décentration, déjà
laborieuse sur le plan de l'action (où elle prend au moins
18 mois), est bien plus difficile encore sur celui de la représentation, celle-ci porte sur un univers beaucoup plus étendu
et plus complexe (1).

---

(1) A ne citer qu'un petit exemple, c'est vers 4-5 ans qu'un enfant
saura désigner sa main « droite » et sa main « gauche », bien qu'il
les distingue peut-être dès le niveau de l'action ; mais, sachant utiliser
ces notions sur son corps, il mettra deux ou trois ans encore à
comprendre qu'un arbre vu sur la droite du chemin à l'aller se trouve
sur la gauche au retour, ou que la main droite d'un personnage assis
en face de l'enfant se trouve sur sa gauche à lui ; et il mettra encore
plus de temps à admettre qu'un objet B situé entre A et C puisse
être à la fois à droite de A e^t à gauche de C.

En troisième lieu, dès que le langage et la fonction sémiotique permettent non seulement l'évocation mais encore et surtout la communication (langage verbal ou par gestes, jeux symboliques à plusieurs, imitations réciproques, etc.), l'univers de la représentation n'est plus exclusivement formé d'objets (ou de personnes-objets) comme au niveau sensori-moteur, mais également de sujets, à la fois extérieurs et analogues à moi, avec tout ce que cette situation comporte de perspectives distinctes et multiples qu'il s'agira de différencier et de coordonner. En d'autres termes la décentration nécessaire pour aboutir à la constitution des opérations ne portera plus simplement sur un univers physique, encore que celui-ci soit déjà notablement plus complexe que l'univers sensori-moteur, mais aussi, et de façon indissociable, sur un univers interindividuel ou social. Contrairement à la plupart des actions, les opérations comportent, en effet, toujours une possibilité d'échange, de coordination interindividuelle comme individuelle, et cet aspect coopératif constitue une condition *sine qua non* de l'objectivité de la cohérence interne (équilibre) et de l'universalité de ces structures opératoires.

Ces considérations montrent que les constructions et la décentration cognitives nécessaires à l'élaboration des opérations sont inséparables de constructions et d'une décentration affectives et sociales. Mais le terme de social ne doit pas être entendu dans le seul sens, trop étroit quoique déjà très large, des transmissions éducatives, culturelles ou morales : il s'agit davantage encore d'un processus interindividuel de socialisation à la fois cognitif, affectif et moral, dont il est possible de suivre les grandes lignes en schématisant beaucoup, mais sans oublier que les conditions optimales restent toujours idéales et qu'en fait une telle évolution est sujette à des fluctuations multiples, intéressant d'ailleurs ces aspects cognitifs aussi bien qu'affectifs.

Au total, si nous envisageons ainsi dans ce chapitre la très longue période qui conduit de 2-3 à 11-12 ans, au lieu de séparer une période préopératoire jusque vers 7-8 ans de la période ultérieure des opérations concrètes, c'est que la première de ces deux grandes phases, tout en durant 4 ou 5 ans, n'est en fait qu'une période d'organisation et de préparation, comparable à ce que sont les stades I à III (ou IV) du développement sensori-moteur (chap. Ier, § I), tandis que la période de 7-8 à 11-12 ans est celle de l'achèvement des opérations concrètes, comparables aux stades IV ou V et VI de la construction des schèmes sensori-moteurs. Après quoi seulement une nouvelle période opératoire, caractéristique de la préadolescence et atteignant son point d'équilibre vers 14-15 ans, permet de parachever les constructions encore limitées et partiellement lacunaires propres aux opérations concrètes.

II. — La genèse des opérations « concrètes »

Les opérations, telles que la réunion de deux classes (les pères réunis aux mères constituent les parents) ou l'addition de deux nombres, sont des actions, choisies parmi les plus générales (les actes de réunir, d'ordonner, etc., interviennent dans toutes les coordinations d'actions particulières), intériorisables et réversibles (à la réunion correspond la dissociation, à l'addition la soustraction, etc.). Elles ne sont jamais isolées mais coordonnables en systèmes d'ensemble (une classification, la suite des nombres, etc.). Elles ne sont pas non plus propres à tel ou tel individu, mais communes à tous les individus d'un même niveau mental et interviennent non seulement dans leurs raisonnements privés, mais encore dans leurs échanges cognitifs, puisque ceux-ci consistent encore à réunir des informations, à les mettre en relation ou en correspondance, à introduire des réciprocités, etc., ce qui constitue à nouveau des opérations, et isomorphes à celles dont se sert chaque individu pour lui-même.

Les opérations consistent ainsi en transformations réversibles, cette réversibilité pouvant consister en inversions ($A - A = 0$) ou en réciprocité (A correspond à B et réciproquement). Or, une transformation réversible ne modifie pas tout à la fois, sinon elle serait sans retour. Une transformation opératoire est donc toujours relative à un invariant, cet invariant d'un système de transformations constitue ce que nous avons appelé jusqu'ici une notion ou un schème de conservation (chap. Ier, § II ;

chap. II, § IV, etc.) : ainsi le schème de l'objet permanent est l'invariant du groupe pratique des déplacements, etc. Les notions de conservation peuvent donc servir d'indices psychologiques de l'achèvement d'une structure opératoire.

1. **Notions de conservation.** — Cela dit, l'indication la plus claire de l'existence d'une période préopératoire, correspondant au deuxième des niveaux distingués au chap. IV, § 1, est l'absence jusque vers 7-8 ans de notions de conservation. Réexaminons à cet égard l'expérience de la conservation des liquides (1) lors du transvasement d'un verre A en un verre B plus mince ou en un verre C plus large. Deux faits sont particulièrement remarquables dans les réactions ordinaires à 4-6 ans, selon lesquelles le liquide augmente ou diminue de quantité. Le premier est que les jeunes sujets paraissent ne raisonner que sur les états ou configurations, en négligeant les transformations : l'eau en B est plus haute qu'en A, donc elle a augmenté en quantité, indépendamment de cette circonstance que c'est la même eau, qu'on s'est borné à la transvaser, etc. Le second est que la transformation, qui n'est pourtant pas ignorée, n'est pas conçue comme telle, c'est-à-dire comme le passage réversible d'un état à un autre, modifiant les formes mais laissant la quantité invariante : elle est assimilée à une action propre, celle de « verser », située sur un autre plan que celui des phénomènes physiques et source de résultats incalculables au sens propre, c'est-à-dire non déductibles en leur application extérieure. Au niveau des opérations concrètes, au contraire, donc dès 7 ou 8 ans, l'enfant dira : « c'est la même eau », « on n'a fait que verser », « on n'a rien enlevé ni ajouté » (identités simples ou additives) ; « on peut remettre (B en A) comme c'était avant » (réversibilité par inversion) ; ou surtout « c'est plus haut, mais c'est plus mince, alors ça fait autant » (compensation ou réversibilité par réciprocité des relations). En d'autres termes, les états sont dorénavant subordonnés aux transformations et celles-ci, étant décentrées de l'action propre pour devenir réversibles, rendent compte à la fois des modifications en leurs variations compensées et de l'invariant impliqué par la réversibilité.

(1) J. Piaget et A. Szeminska, *La genèse du nombre chez l'enfant,* Delachaux & Niestlé, 1941.

Ces faits peuvent servir d'exemple au schéma général de l'acquisition de toute notion de conservation à partir des réactions préopératoires de non-conservation. Qu'il s'agisse des déformations d'une boulette d'argile (1) à propos desquelles l'enfant découvrira la conservation de la substance vers 7-8 ans, du poids vers 9-10 ans et du volume vers 11-12 ans (mesuré à l'eau déplacée lors de l'immersion de l'objet), qu'il s'agisse de la conservation des longueurs (une ligne droite comparée à son égale d'abord droite puis brisée ; ou deux tiges droites congruentes dont l'une est ensuite décalée par rapport à l'autre), des surfaces ou des volumes (par déplacements d'éléments), de conservation des ensembles après changement de dispositions spatiales, etc., on retrouve toujours aux niveaux préopératoires des réactions centrées à la fois sur les configurations perceptives ou imagées, suivies aux niveaux opératoires de réactions fondées sur l'identité et la réversibilité par inversion ou par réciprocité (2).

---

(1) J. PIAGET et B. INHELDER, *Le développement des quantités physiques chez l'enfant*, Delachaux & Niestlé, 1941 et 1962.
(2) Ces résultats, qui ont été confirmés par de nombreux auteurs en plusieurs pays, n'ont pas seulement été établis par nous au moyen d'interrogations surtout qualitatives et de contrôles statistiques. L'une de nous a repris ces questions par une méthode « longitudinale » en suivant les mêmes enfants à intervalles répétés, ce qui a permis, d'une part, de montrer qu'il s'agit bien d'un processus « naturel » et très graduel (sans retours aux niveaux dépassés) et, d'autre part, de vérifier que les trois sortes d'arguments utilisés pour justifier les conservations sont interdépendants : l'identité, par exemple, ne précède pas nécessairement la réversibilité, mais en résulte implicitement ou explicitement. Par ailleurs, une série d'expériences a été entreprise pour analyser les facteurs intervenant dans la découverte des conservations : exercice des mécanismes fondamentaux de réversibilité, identité et compensation, succession de stratégies des plus simples aux plus complexes, etc. On observe en ces cas des jeux de régulations (avec boucles ou *feedbacks*) faisant la transition avec l'opération, mais sans que les apprentissages à court terme suffisent à engendrer les structures opératoires ni surtout à atteindre leur achèvement sous la forme de fermetures complètes rendant possible un maniement proprement déductif.

2. Les opérations concrètes. — Les opérations en jeu dans ce genre de problèmes peuvent être dites « concrètes » en ce sens qu'elles portent directement sur les objets et non pas encore sur des hypothèses énoncées verbalement comme ce sera le cas des opérations propositionnelles que nous étudierons au chapitre V ; les opérations concrètes font donc bien la transition entre l'action et les structures logiques plus générales impliquant une combinatoire et une structure de « groupe » coordonnant les deux formes possibles de réversibilité. Il n'en demeure pas moins que ces opérations naissantes se coordonnent déjà en structures d'ensemble, mais plus pauvres et procédant encore de proche en proche faute de combinaisons généralisées. Ces structures sont, par exemple, des classifications, des sériations, des correspondances terme à terme ou un à plusieurs, des matrices ou tables à double entrée, etc. Le propre de ces structures, que nous appellerons « groupements », est de constituer des enchaînements progressifs, comportant des compositions d'opérations directes (par exemple une classe A réunie à sa complémentaire A' donne une classe totale B ; puis $B + B' = C$, etc.), inverses $(B - A' = A)$, identiques $(+ A - A = 0)$, tautologiques $(A + A = A)$ et partiellement associatives : $(A + A') + B' = A + (A' + B')$ mais $(A + A) - A \neq A + (A - A)$.

On peut suivre à cet égard, aux différents niveaux préopératoires, les ébauches successives de ce que deviendront les « groupements » additifs et multiplicatifs de classes et de relations (1), une fois

(1) Du point de vue logique, le « groupement » est une structure d'ensemble à compositions limitées (par contiguïté ou composition de proche en proche), apparentée au « groupe » mais sans associativité complète (cf. un « groupoïde ») et voisine du « réseau » mais sous la forme seulement d'un semi-lattice. Sa structure logique a été formalisée par J.-B. GRIZE (*Etudes d'épistémologie génétique*, vol. XI) et par G.-G. GRANGER (*Logique et analyse*, 8ᵉ année, 1965).

atteinte la mobilité entièrement réversible et par conséquent la possibilité de composition déductive cohérente, parce que se refermant sans cesse sur elle-même malgré l'extension indéfinie du système.

3. La sériation. — Un bon exemple de ce processus constructif est celui de la sériation, qui consiste à ordonner des éléments selon des grandeurs croissantes ou décroissantes. Il existe des ébauches sensori-motrices de cette opération, lorsque l'enfant de 1 1/2 à 2 ans construit, par exemple, une tour au moyen de plots dont les différences dimensionnelles sont immédiatement perceptibles. Lorsqu'on donne dans la suite aux sujets 10 réglettes dont les différences peu apparentes nécessitent des comparaisons deux à deux, on observe les étapes suivantes : d'abord des couples ou petits ensembles (une petite, une grande, etc.), mais incoordonnables entre eux ; ensuite une construction par tâtonnements empiriques, qui constituent des régulations semi-réversibles mais non encore opératoires ; enfin une méthode systématique consistant à chercher par comparaisons deux à deux le plus petit élément d'abord, puis le plus petit de ceux qui restent, etc. En ce cas la méthode est opératoire, car un élément quelconque E est compris d'avance comme étant simultanément plus grand que les précédents $(E > D, C, B, A)$ et plus petit que les suivants $(E < F, G$, etc.), ce qui est une forme de réversibilité par réciprocité. Mais surtout, au moment où la structure atteint ainsi sa fermeture, il en résulte aussitôt un mode inconnu jusque-là de composition déductive : la transitivité A < C si A < B et B < C (en faisant comparer perceptivement A et B puis B et C mais en cachant ensuite A pour faire déduire sa relation avec C, ce à quoi se refusent les sujets préopératoires).

De cette sériation opératoire, acquise vers 7 ans, dérivent des correspondances sériales (faire correspondre à des bonshommes de tailles différentes, des cannes également différentes et des sacs de montagne également sériables) ou des sériations à deux dimensions (disposer en une table à double entrée des feuilles d'arbre différant à la fois par leurs grandeurs et leurs teintes plus ou moins foncées). Ces systèmes sont aussi acquis dès 7 ou 8 ans.

4. La classification. — La classification constitue de même un groupement fondamental, dont on peut chercher les racines jusque dans les assimilations propres aux schèmes sensori-moteurs. Lorsque l'on donne aux enfants de 3 à 12 ans des objets à classer (« mettre ensemble ce qui est pareil », etc.), on observe trois grandes étapes (1). Les plus jeunes sujets débutent par des « collections figurales », c'est-à-dire qu'ils disposent les objets non pas seulement selon leurs ressemblances et différences individuelles, mais en les juxtaposant spatialement en rangées, en carrés, cercles, etc., de manière à ce que leur collection comporte par elle-même une figure dans l'espace, celle-ci servant d'expression perceptive ou imagée à l' « extension » de la classe (en effet, l'assimilation sensori-motrice qui connaît la « compréhension » ne comporte pas d' « extension » du point de vue du sujet). La seconde étape est celle des collections non figurales : petits ensembles sans forme spatiale pouvant eux-mêmes se différencier en sous-ensembles. La classification semble alors rationnelle (dès 5 1/2-6 ans) mais, à l'analyse, elle témoigne encore de lacunes dans l' « extension » : si, par exemple, pour un ensemble B de 12 fleurs dont un sous-ensemble A de 6 primevères on demande à l'enfant de montrer tour à tour les fleurs B et les primevères A, il répond correctement, parce qu'il peut désigner le tout B et la partie A, mais si on lui demande : « Y a-t-il ici plus de fleurs ou plus de primevères ? », il ne parvient pas à répondre selon l'emboîtement $A < B$ parce que, s'il pense à la partie A, le tout B cesse de se conserver comme unité et la partie A n'est plus comparable qu'à sa complémentaire A' (il répondra donc « la même chose », ou, s'il y a 7 primevères, il dira qu'il y a plus de primevères). Cet emboîtement des

(1) B. INHELDER et J. PIAGET, *La genèse des structures logiques élémentaires chez l'enfant*, Delachaux & Niestlé, 1959.

classes en extension est réussi vers 8 ans et caractérise alors la classification opératoire (1).

5. Le nombre. — La construction des nombres entiers s'effectue chez l'enfant en liaison étroite avec celle des sériations et des inclusions de classes. Il ne faut pas croire, en effet, qu'un jeune enfant possède le nombre du seul fait qu'il a appris à compter verbalement : l'évaluation numérique est en réalité longtemps liée pour lui à la disposition spatiale des éléments, en analogie étroite avec les « collections figurales » (voir plus haut sous 4). L'expérience décrite au chap. III, § IV-5 le montre à l'évidence : il suffit d'espacer les éléments de l'une de deux rangées mises initialement en correspondance optique pour que le sujet cesse d'admettre leur équivalence numérique. Or, on ne saurait naturellement parler de nombres opératoires avant que se soit constituée une conservation des ensembles numériques indépendamment des arrangements spatiaux.

Cela dit, on pourrait supposer avec la théorie des ensembles et avec les logiciens Frege, Whitehead et Russell, que le nombre procède simplement d'une mise en correspondance terme à terme entre deux classes ou deux ensembles. Mais il existe deux structures de correspondances : les correspondances qualifiées fondées sur la ressemblance des éléments (par exemple un nez pour un nez, un front pour un front, etc., dans la correspondance entre un modèle et sa copie) et les correspondances « quelconques » ou « un à un ». Or celles-ci

(1) A celle-ci se rattachent les doubles classifications (tables à double entrée ou matrices) qui apparaissent au même niveau : par exemple classer des carrés et des cercles, rouges ou blancs, en quatre casiers groupés selon deux dimensions, etc. On a utilisé ces structures comme tests d'intelligence (Raven) mais il importe de distinguer plus soigneusement qu'on ne l'a fait les solutions opératoires des solutions simplement perceptives fondées sur les symétries figurales. On a beaucoup étudié de même (Goldstein, Scheerer, etc.) les changements de critères dans les classifications, c'est-à-dire les régulations anticipatrices et rétroactives aboutissant à la mobilité réversible.

conduisent seules au nombre parce qu'elles impliquent déjà l'unité numérique. Il reste donc à l'expliquer génétiquement sans commettre de cercle vicieux.

D'un tel point de vue, le nombre résulte d'abord d'une abstraction des qualités différentielles, ayant pour résultat de rendre chaque élément individuel équivalent à chacun des autres : $1 = 1 = 1$, etc. Cela établi, ces éléments restent classables selon les inclusions ($<$) : $1 < (1 + 1) < (1 + 1 + 1)$, etc. Mais ils sont en même temps sériables ($\rightarrow$) et le seul moyen de les distinguer et de ne pas compter deux fois le même dans ces inclusions est de les sérier (dans l'espace ou dans le temps) (1) : $1 \rightarrow 1 \rightarrow 1$, etc. Le nombre apparaît ainsi comme constituant simplement une synthèse de la sériation et de l'inclusion : $\{ [(1) \rightarrow 1] \rightarrow 1 \}$ etc. ; et c'est pourquoi il se constitue en liaison étroite avec ces deux groupements (voir 3 et 4), mais à titre de synthèse originale et nouvelle. Ici encore, la psychologie de l'enfant éclaire des questions demeurant souvent obscures sans cette perspective génétique. De nombreux travaux, expérimentaux ou théoriques (formalisation logique), sont déjà issus d'un tel point de vue (2).

6. L'espace. — Les structures opératoires dont il vient d'être question portent sur des objets discontinus ou discrets et elles sont fondées sur les différences entre les éléments et leurs ressemblances ou équivalences. Mais il existe un ensemble de structures, exactement isomorphes aux précédentes, sauf qu'elles portent sur des objets continus et qu'elles sont fondées sur les voisinages et les séparations. Or, ces opérations, que nous pouvons appeler « infralogiques » (en ce sens qu'elles portent

---

(1) C'est-à-dire non pas selon les relations « plus grand » mais selon les seules relations « avant » et « après ».

(2) C'est ainsi que P. Gréco, qui a étudié les étapes ultérieures de la construction du nombre, a pu montrer que la synthèse numérique des classes et de l'ordre sérial ne s'effectue que graduellement pour les nombres supérieurs à 7-8 ou 14-15 : on peut ainsi parler d'une arithmétisation progressive de la série des nombres. Du point de vue de la formalisation logique, J.-B. Grize a pu fournir une mise en forme cohérente de la synthèse en question en montrant comment les limitations inhérentes aux groupements sont levées dès qu'on fusionne en un seul tous les groupements de classes et de relations, *Etudes d'épistémologie*, t. XIII et XV, 1961-1962, Presses Universitaires de France.

sur un autre niveau de réalité, et non pas qu'elles
sont antérieures), se construisent parallèlement aux
opérations logico-arithmétiques et synchroniquement avec elles, en particulier pour ce qui est des
opérations spatiales (ainsi que par ailleurs des
opérations temporelles, cinématiques, etc.).

Un exemple frappant est celui de la mesure spatiale (1),
qui se constitue indépendamment du nombre mais en isomorphisme étroit avec lui (avec 6 mois de décalage environ
parce que, dans le continu, l'unité n'est pas donnée d'avance).
La mesure débute, en effet, par une partition du continu et
un emboîtement des parties en isomorphisme avec l'inclusion
des classes. Mais, pour constituer et utiliser l'unité, l'une des
parties doit être appliquée successivement sur le tout par déplacement ordonné (= sans chevauchements, etc.), ce qui correspond à une sériation : la mesure apparaît ainsi comme une
synthèse du déplacement et de l'addition partitive dans le
même sens où le nombre est la synthèse de la sériation et de
l'inclusion.

Mais la mesure n'est qu'un cas particulier d'opérations
spatiales et, à considérer celles-ci en leur ensemble, on observe
chez l'enfant une situation d'un grand intérêt général et
théorique. Historiquement, la géométrie scientifique a débuté
par la métrique euclidienne, puis est venue la géométrie projective et enfin la topologie. Théoriquement, au contraire, la
topologie constitue un fondement général, d'où l'on peut tirer
parallèlement l'espace projectif et la métrique générale dont
procède l'euclidienne. Or, il est remarquable que le développement des intuitions préopératoires puis des opérations spatiales chez l'enfant est bien plus proche de la construction théorique que des filiations historiques : les structures topologiques
de partition de l'ordre (voisinages, séparations, enveloppements,
ouverture et fermeture, coordination des voisinages en ordre
linéaire puis bi- ou tridimensionnel, etc.) précèdent assez
nettement les autres, puis, de ces structures de base, procèdent
simultanément et parallèlement les structures projectives
(ponctuelle, coordination des points de vue, etc.) et les structures métriques (déplacements, mesure, coordonnées ou systèmes de référence, en tant que généralisation de la mesure à
2 ou 3 dimensions). Voir aussi le chap. III, § III.

(1) J. Piaget, B. Inhelder, A. Szeminska, *La géométrie spontanée
chez l'enfant*, Presses Universitaires de France, 1948.

7. Temps et vitesse. — Rappelons enfin les opérations qui interviennent dans la structuration des vitesses et du temps (1). En relation avec le primat initial des structures topologiques et ordinales, la notion de vitesse ne débute pas sous sa forme métrique ($v = e/t$), atteinte vers 10-11 ans seulement, mais sous une forme ordinale : un mobile est plus rapide qu'un autre s'il le dépasse, c'est-à-dire s'il était derrière lui en un moment antérieur et qu'il est ensuite devant lui en un moment ultérieur. A un niveau préopératoire, l'enfant ne considère même en général que les points d'arrivée (échec au semi-dépassement et au simple rattrapement), puis il structure opératoirement les dépassements anticipés autant que constatés ; après quoi il en arrive à tenir compte de la grandeur croissante ou décroissante des intervalles (niveau hyperordinal) et en vient enfin à mettre en relation les durées et les espaces parcourus.

Quant à la notion du temps, elle repose sous sa forme achevée sur trois sortes d'opérations : 1) une sériation des événements constitutive de l'ordre de succession temporel ; 2) un emboîtement des intervalles entre les événements ponctuels, source de la durée ; 3) une métrique temporelle (déjà à l'œuvre dans le système des unités musicales, bien avant toute élaboration scientifique), isomorphe à la métrique spatiale. Seulement, tandis que la structuration ordinale des vitesses est indépendante de la durée (mais naturellement pas de l'ordre temporel), la durée, comme d'ailleurs déjà la simultanéité, dépend des vitesses. En effet, les opérations précédentes (1-3) restent indépendantes de la rapidité plus ou moins grande de l'écoulement du temps et n'apprennent rien au sujet sur la cadence même de cet écoulement (2) parce qu'elle dépend du contenu physique ou psychologique de la durée, dont celle-ci demeure indissociable. L'enfant commence à juger de la durée d'après ce contenu seul, en oubliant la vitesse (ce que nous faisons encore souvent nous-mêmes dans les évaluations intuitives) : il estimera ainsi qu'un mobile a marché plus longtemps s'il est arrivé plus loin, etc. Après quoi le contenu est mis en relation avec la vitesse de son déroulement, ce qui constitue alors le temps à titre de relation objective et donne aux

(1) J. PIAGET, *Les notions de mouvement et de vitesse chez l'enfant*, Presses Universitaires de France, 1945 et J. PIAGET, *Le développement de la notion du temps chez l'enfant*, Presses Universitaires de France, 1946.
(2) En effet, si une heure, mesurée à l'horloge, durait 10 fois plus ou 10 fois moins, les opérations 1-3 donneraient les mêmes résultats pour les mêmes événements.

opérations mentionnées une prise sur l'écoulement comme
tel du temps : c'est ce qui est évident dans les opérations de
mesure du temps (vitesse du mouvement de l'horloge), tandis
que chez les jeunes sujets l'emploi de tels repérages ne sert
à rien, car ils imaginent que l'aiguille de la montre ou le sable
du sablier se déplacent avec des vitesses variables suivant le
contenu à mesurer.

III. — La représentation de l'univers
Causalité et hasard

En relation avec le noyau opératoire de la pensée,
se déploient un grand nombre d'activités structurées
à des degrés divers selon qu'elles parviennent avec
plus ou moins de facilité à assimiler le réel. La causalité et le hasard sont les deux pôles essentiels entre
lesquels elles se distribuent.

Dès les environs de 3 ans l'enfant se pose et pose
à son entourage des séries de questions, dont les
plus remarquables sont les « pourquoi ». Il est alors
possible d'étudier la manière dont ces questions
sont formulées, car la façon dont un problème est
soulevé indique déjà quelles sortes de réponses ou
de solutions le sujet s'attend à recevoir. Il est naturellement indiqué, d'autre part, de reprendre les
mêmes questions ou d'autres analogues comme
thèmes d'interrogation sur d'autres enfants.

Une première constatation générale s'impose à
cet égard : les pourquoi témoignent d'une précausalité intermédiaire entre la cause efficiente et
la cause finale, et tendent en particulier à trouver
une raison, de ces deux points de vue, aux phénomènes qui, pour nous, sont fortuits mais qui, pour
l'enfant, provoquent alors d'autant plus le besoin
d'une explication finaliste. « Pourquoi y a-t-il
deux Salève, un grand et un petit ? », demande
par exemple un garçon de 6 ans. A quoi presque
tous ses contemporains, interrogés sur ce point,

ont répondu : « C'est qu'il en faut un pour les grandes promenades et un autre pour les petites. »

L'un de nous a donc cherché jadis à décrire les principaux aspects de cette précausalité enfantine de nature préopératoire (1). En plus de ce finalisme quasi intégral, il a mis en évidence un « réalisme » dû à l'indifférenciation du psychique et du physique : les noms sont attachés matériellement aux choses, les rêves sont de petits tableaux matériels que l'on contemple dans la chambre, la pensée est une sorte de voix (« la bouche qui est derrière dans ma tête et qui parle à ma bouche de devant »). L'animisme naît de la même indifférenciation, mais en sens inverse : tout ce qui est en mouvement est vivant et conscient, le vent sait qu'il souffle, le soleil qu'il avance, etc. Aux questions d'origine, si importantes chez les petits en tant que liées au problème de la naissance des bébés, les jeunes sujets répondent par un artificialisme systématique : les hommes ont creusé le lac, ont mis de l'eau dedans et toute cette eau vient des fontaines et des tuyaux. Les astres « sont nés quand nous, on est né » dit un garçon de 6 ans, « parce qu'avant il n'y avait pas besoin de soleil » et celui-ci est né d'une petite boule qu'on a lancée en l'air et qui a grandi, car on peut être à la fois vivant et fabriqué comme le sont les bébés (2).

Or, cette précausalité présente l'intérêt d'être assez proche des formes sensori-motrices initiales de causalité que nous avons appelées « magico-phénoménistes » au chap. Ier, § II ! Comme elles, elles résultent d'une sorte d'assimilation systématique des processus physiques à l'action propre, et

_____

(1) J. PIAGET, *La causalité physique chez l'enfant* ; *La représentation du monde chez l'enfant*, Alcan, 1927.
(2) Cette précausalité a été réétudiée par un certain nombre d'auteurs anglo-saxons dont quelques-uns ont retrouvé les mêmes faits, tandis que d'autres se sont assez violemment opposés à ces interprétations. Puis le silence est venu, jusque tout récemment, lorsque deux auteurs canadiens de talent, M. LAURENDEAU et A. PINARD (*La pensée causale*, Presses Universitaires de France, 1962) ont repris le problème du double point de vue des faits (sur une large échelle statistique) et de la méthode. Or, ils ont retrouvé dans les grandes lignes les mêmes faits. Quant à la méthode ils ont pu montrer que les auteurs favorables à la précausalité avaient dépouillé leurs résultats comme nous, enfant par enfant, tandis que les adversaires avaient dépouillé les leurs, objet par objet, sans tenir compte des stades ni du détail des réactions individuelles.

cela conduisant parfois (en plus des structures causales rappelées à l'instant) jusqu'à des attitudes quasi magiques (exemples les nombreux sujets de 4 à 6 ans qui croient que la lune les suit ou même qu'ils l'obligent à les suivre). Mais, de même que la précausalité sensori-motrice cède le pas (dès les stades IV à VI des §§ I et II, chap. Ier) à une causalité objectivée et spatialisée, de même la précausalité représentative, qui est essentiellement assimilation à l'action, se transforme peu à peu au niveau des opérations concrètes en une causalité rationnelle par assimilation non plus aux actions propres en leur orientation égocentrique, mais aux opérations en tant que coordinations générales des actions.

Un bon exemple de cette causalité opératoire est celui de l'atomisme enfantin en tant que dérivant des opérations additives et de la conservation qui en découle. À propos d'expériences de conservation, nous avons questionné jadis des enfants de 5 à 12 ans sur ce qui se passe après la dissolution de morceaux de sucre dans un verre d'eau (1). Jusqu'à 7 ans environ, le sucre dissous s'anéantit et son goût s'en ira comme une simple odeur ; dès 7-8 ans sa substance se conserve mais ni son poids ni son volume ; dès 9-10 ans il s'y ajoute la conservation du poids et dès 11-12 ans celle du volume (reconnaissable au fait que le niveau de l'eau, un peu haussé lors de l'immersion des morceaux, ne redescende pas à son niveau initial après la dissolution). Or, cette triple conservation (parallèle à ce que l'on trouve lors des modifications de la boulette d'argile) s'explique pour l'enfant par l'hypothèse selon laquelle les petits grains du sucre en train de fondre deviennent très petits et invisibles, et conservent ainsi, d'abord leur substance sans poids ni volume, puis l'un et ensuite également l'autre, la somme de ces grains élémentaires équivalant alors à la substance totale, puis au poids, puis au volume des morceaux de sucre avant leur dissolution. Il y a donc là un bel exemple d'explication causale par projection dans le réel d'une composition opératoire.

Mais l'obstacle à ces formes opératoires de causalité (et

(1) J. PIAGET et B. INHELDER, *Le développement des quantités physiques chez l'enfant*, Delachaux et Niestlé, 1962.

on en pourrait citer bien d'autres, comme les compositions entre poussées et résistances dans le mouvement transitif) est que le réel résiste à la déduction et qu'il comporte toujours une part plus ou moins grande d'aléatoire. Or, l'intérêt des réactions de l'enfant à l'aléatoire est qu'il ne saisit pas la notion de hasard ou de mélange irréversible aussi longtemps qu'il n'est pas en possession d'opérations réversibles pour lui servir de références, tandis que, une fois celles-ci construites, il comprend l'irréversible en tant que résistance à la déductibilité opératoire.

Une expérience simple que nous avons faite parmi bien d'autres (1) à cet égard a consisté à présenter une boîte pouvant basculer lentement qui contenait d'un côté 10 perles blanches et de l'autre 10 noires, groupées respectivement dans de petits casiers : il s'agissait alors d'anticiper leur mélange progressif lors des balancements et la faible probabilité d'un retour des blanches ensemble et des noires séparées des premières. Or, au niveau préopératoire la finalité l'emporte sur le fortuit : chacune va retrouver sa place, prévoit l'enfant de 4 à 6 ans, et, lorsqu'il constate le mélange, « elles vont se démélanger », dit-il, ou bien les noires vont prendre la place des blanches et vice versa en un chassé-croisé alternatif et régulier. Dès 8-9 ans, au contraire, il y a prévision du mélange et de l'improbabilité d'un retour à l'état initial.

Notons encore que si le hasard n'est d'abord conçu qu'à titre négatif, à titre d'obstacle à la déductibilité, l'enfant en vient ensuite à assimiler l'aléatoire à l'opération en comprenant que, si les cas individuels demeurent imprévisibles, les ensembles donnent lieu à une prévisibilité : la notion de probabilité se construit alors peu à peu, en tant que rapport entre les cas favorables et les cas possibles. Mais son achèvement suppose une combinatoire, c'est-à-dire une structure qui s'élaborera seulement après 11-12 ans (chap. V, § III-4).

IV. — Les interactions sociales et affectives

Le processus évolutif dont nous venons de décrire l'aspect cognitif (chap. IV, §§ II et III) relie ainsi les structures d'un niveau sensori-moteur initial à celles d'un niveau d'opérations concrètes se constituant entre 7 et 11 ans, mais en passant par une

(1) J. PIAGET et B. INHELDER, *La genèse de l'idée de hasard chez l'enfant*, Presses Universitaires de France, 1951.

période préopératoire (2-7 ans) caractérisée par une assimilation systématique à l'action propre (jeu symbolique, non-conservations, précausalité, etc.) qui constitue un obstacle en même temps qu'une préparation à l'assimilation opératoire. Il va de soi que l'évolution affective et sociale de l'enfant obéit aux lois de ce même processus général, puisque les aspects affectifs, sociaux et cognitifs de la conduite sont en fait indissociables : comme on l'a déjà vu (chap. Ier, § IV) l'affectivité constitue l'énergétique des conduites dont les structures correspondent aux fonctions cognitives, et si l'énergétique n'explique pas la structuration ni l'inverse, aucune des deux ne saurait fonctionner sans l'autre.

1. **Evolution.** — L'avènement de la représentation, dû à la fonction sémiotique, est, en effet, aussi important pour le développement de l'affectivité et des relations sociales que pour celui des fonctions cognitives : l'objet affectif sensori-moteur n'est qu'un objet de contact direct, que l'on peut retrouver en cas de séparation momentanée mais qui ne peut être évoqué durant ces séparations. Avec l'image mentale, la mémoire d'évocation, le jeu symbolique et le langage, l'objet affectif est au contraire toujours présent et toujours agissant, même en son absence physique, et ce fait fondamental entraîne la formation de nouveaux affects, sous la forme de sympathies ou d'antipathies durables, en ce qui concerne autrui, et d'une conscience ou d'une valorisation durables de soi, en ce qui concerne le moi.

Il en résulte une série de nouveautés, dont l'apogée débute vers 3 ans avec ce que Ch. Bühler a appelé la crise d'opposition et se marque par un besoin d'affirmation et d'indépendance, ainsi que par toutes sortes de rivalités, de type œdipien ou de façon générale à l'égard des aînés ; et tout cela se traduit sans cesse par les élaborations du jeu symbolique en ses aspects affectifs aussi bien que dans les conduites effectives et non ludiques. Mais si cette prise de conscience de soi, qui constitue une valorisation bien plus encore qu'une découverte introspective, conduit l'enfant à s'opposer à la personne d'autrui, elle l'amène tout autant, puisqu'il s'agit essentiellement de valorisations, à conquérir son affection et son estime (1).

2. Le problème. — Cette situation dialectique, encore instable et équivoque, domine toute la petite enfance et tout son comportement social, ce qui explique les controverses, et parfois les dialogues de sourds, entre les auteurs qui ont insisté particulièrement sur l'un ou l'autre pôle de la vie sociale caractéristique de cette période.

Notons d'abord que le terme de « social » peut correspondre à deux réalités très distinctes, au point de vue affectif, comme nous y avons insisté déjà au point de vue cognitif : il y a d'abord les relations entre l'enfant et l'adulte, source de transmissions éducatives et linguistiques des apports

---

(1) G. Guex, Les conditions intellectuelles et affectives de l'Œdipe, *Revue française de psychanalyse*, n° 2, 1949, p. 257-276. Selon G. Guex, l'établissement des relations objectales au niveau sensori-moteur est dû avant tout à un besoin de sécurité, tandis qu'au niveau de 3 à 5 ans domine la conquête de l'estime d'autrui. Seulement G. Guex parle ici d'autonomie et s'étonne de la voir apparaître avant le niveau de coopération, qui débute si clairement à 7 ou 8 ans (c'est-à-dire en relations étroites avec le développement des opérations concrètes, on a déjà vu et on verra encore pourquoi). Mais en réalité il ne s'agit nullement, lors de la crise d'opposition, d'une autonomie au sens ultérieur, c'est-à-dire d'une soumission du moi à des règles (« nomie ») qu'il se donne lui-même (« auto- ») ou qu'il élabore librement en coopération avec ses semblables : il ne s'agit que d'indépendance (anomie et non pas autonomie) et précisément d'opposition, c'est-à-dire de cette situation complexe et peut-être même contradictoire où le moi se veut à la fois libre et estimé par autrui.

culturels, au point de vue cognitif, et source de
sentiments spécifiques et en particulier des sentiments moraux (voir le chap. IV, § V), au point de
vue affectif ; mais il y a ensuite les relations sociales
entre les enfants eux-mêmes, et en partie entre
enfants et adultes, mais en tant que processus
continu et constructif de socialisation et non plus
simplement de transmission à sens unique.

Or, c'est essentiellement ce processus de socialisation qui a fait problème. Pour certains auteurs
(Ch. Bühler (1), Grünbaum, Buytendijk (2), Wallon (3) et son élève Zazzo (4)), l'enfant présente
le *maximum* d'interactions ou tout au moins d'interdépendances sociales au cours de la petite enfance (notre niveau préopératoire), tandis que dans
la suite il conquiert une personnalité individualisée
par une sorte de retrait, de reprise ou de libération
eu égard à ces interdépendances initiales. Pour
d'autres auteurs, au contraire, dont nous sommes,
il existe un processus de socialisation, qui est progressif et non pas régressif, de telle sorte que,
malgré les apparences, l'individualité tendant à
l'autonomie, chez l'enfant de 7 ans et plus, est plus
socialisée que le moi en interdépendance de la
petite enfance et que, malgré les apparences, ces
interdépendances sociales initiales de 2 à 7 ans
témoignent en réalité d'un *minimum* de socialisation parce que insuffisamment structurées (la
structure interne des relations étant ici beaucoup
plus importante que la phénoménologie globale à
laquelle on s'attache).

(1) K. Bühler, *Kindheit und Jugend*, 3e éd., Hirzel, Leipzig, 1931.
(2) F. J. Buytendijk, *Wesen und Sinn des Spiels*, Berlin, 1934
(Wolff).
(3) H. Wallon, L'étude psychologique et sociologique de l'enfant,
Cahiers internationaux de sociologie, 1947, vol. 3, p. 3-23.
(4) R. Zazzo, *Les jumeaux*, Presses Universitaires de France, 1960.

A examiner ce débat avec le recul aujourd'hui possible, il semble tout à fait évident que les auteurs appartenant à ces deux sortes de tendances disent à peu près les mêmes choses et diffèrent bien davantage par leur vocabulaire que par leurs solutions. Il importe donc de se livrer à une analyse relationnelle et non pas conceptuelle et de parvenir à distinguer les points de vue du sujet et de l'observateur selon un relativisme tel que certaines connexions puissent être interprétées simultanément comme des interdépendances sociales et des instruments insuffisants de socialisation.

3. **La socialisation.** — La méthode la plus sûre consiste alors, puisque chacun accepte le caractère indissociable et parallèle des développements cognitif et affectif ou social, d'utiliser comme fil conducteur le résultat des recherches sur les attitudes intellectuelles propres au niveau préopératoire. La précausalité (chap. IV, § III) constitue à cet égard un exemple remarquable de situation dans laquelle le sujet a la conviction d'atteindre les mécanismes extérieurs et objectifs de la réalité, tandis que, du point de vue de l'observateur, il est clair qu'il se borne à les assimiler à un certain nombre de caractères subjectifs de l'action propre. Or, ce qui est évident dans le cas de la précausalité est tout aussi vrai, quoique parfois moins apparent, dans celui des non-conservations et de toutes les réactions préopératoires. D'une manière générale, on peut dire que la différence essentielle entre les niveaux préopératoire et opératoire est qu'au premier domine l'assimilation à l'action propre tandis qu'au second l'emporte l'assimilation aux coordinations générales de l'action, donc aux opérations.

On voit alors d'emblée l'analogie possible avec les phases du processus de la socialisation. Il est aujourd'hui tout à fait clair, en effet, que la coordination générale des actions, qui caractérise le noyau fonctionnel des opérations, englobe aussi bien les actions interindividuelles que les actions intra-individuelles, à tel point qu'il est sans signification de se demander si c'est la coopération (ou les co-opérations) cognitive qui engendre les opérations individuelles ou si c'est l'inverse. Il est donc évident que, au niveau des opérations concrètes, se constituent de nouvelles relations interindividuelles, de nature coopérative, et il n'est aucune raison pour qu'elles se limitent aux échanges cognitifs, puisque les aspects cognitifs et affectifs de la conduite sont indissociables.

S'il en est ainsi, il est alors d'une grande probabilité que les échanges sociaux propres au niveau préopératoire soient de caractère précoopératif, si l'on peut dire, c'est-à-dire à la fois sociaux, du point de vue du sujet, et centrés sur l'enfant lui-même et sur son activité propre, du point de vue de l'observateur. C'est exactement ce que l'un de nous a voulu dire jadis en parlant d'« égocentrisme enfantin », mais, comme on l'a vu plus haut (chap. III, § II, note 2), ce terme a été souvent mal compris bien que nous ayons insisté sans cesse sur sa signification en quelque sorte épistémique (difficulté à tenir compte des différences des points de vue entre les interlocuteurs, donc à être capable de décentration) et non pas courante ou « morale ».

Or, les faits sont assez clairs aujourd'hui en trois sortes de domaines : jeux de règles, actions en commun et échanges verbaux.

1. Les jeux de règles sont des institutions sociales, au sens de leur permanence au cours des transmissions d'une génération à la suivante et de leurs caractères indépendants de la volonté des individus qui les acceptent. Certains de ces jeux sont transmis avec la participation de l'adulte, mais d'autres demeurent spécifiquement enfantins, comme le jeu de billes chez les garçons, qui prend fin vers 11-12 ans à Genève. Ces derniers jeux présentent donc la situation la plus favorable, en sa double qualité de ludique et d'exclusivement enfantine, pour donner lieu à un essor de la vie sociale entre enfants.

Or, tandis qu'après 7 ans les parties de billes sont bien structurées, avec observation commune des règles connues des partenaires, avec surveillance mutuelle quant à cette observation, et surtout avec un esprit collectif de compétition honnête telle que les uns gagnent et les autres perdent selon les règles admises, le jeu des jeunes sujets présente de tout autres caractères. D'abord chacun a emprunté aux aînés des règles plus ou moins différentes, parce que leur ensemble est complexe et que l'enfant commence par n'en retenir qu'une partie. Ensuite, et cela est plus significatif, il n'y a pas de contrôle, c'est-à-dire qu'en fait chacun joue comme il l'entend sans trop s'occuper des autres. Enfin et surtout, personne ne perd et tout le monde gagne à la fois, car le but est de s'amuser en jouant pour soi tout en étant stimulé par le groupe et en participant à une ambiance collective. Ces faits sont donc de caractère entièrement indifférencié entre la conduite sociale et la centration sur l'action propre, sans encore de coopérations authentiques, même sur ce plan ludique.

2. Dans une étude intéressante sur le travail en commun des enfants de différents âges, R. Froyland Nielsen (1) a procédé soit par observation directe d'activités spontanées, soit en soumettant l'enfant à des dispositifs nécessitant un *minimum* d'organisation : travailler à deux sur des tables trop petites, ne disposer que d'un seul crayon pour dessiner, ou de crayons attachés, utiliser un matériel commun, etc. Elle a obtenu ainsi deux sortes de résultats. D'une part, on observe une évolution plus ou moins régulière du travail solitaire à la collaboration, le travail solitaire éventuel des grands n'ayant pas la même signification non intentionnelle et pour ainsi dire non consciente que celui des petits qui, en travaillant chacun pour soi, se sentent en communion et en synergie avec leurs voisins sans s'occuper pour autant de ce qu'ils font dans le détail. D'autre part, on constate une difficulté plus ou moins systématique initiale à trouver et même à chercher des modes de collaboration, comme si celle-ci ne constituait pas une fin spécifique qu'il s'agit de poursuivre pour elle-même et avec des méthodes appropriées.

3. Enfin les études anciennes de l'un de nous sur les fonctions du langage dans les échanges entre enfants ont abouti à des résultats très analogues, d'ailleurs à l'origine des autres recherches rappelées, mais qui ont donné lieu à beaucoup plus de discussions. Le fait brut est que, en certains milieux scolaires où les enfants travaillent, jouent et parlent librement, les propos des sujets de 4 à 6 ans ne sont pas tous destinés à fournir des informations ou à poser des questions, etc. (= langage socialisé), mais consistent souvent en monologues ou en « monologues collectifs » au cours desquels chacun parle pour soi sans écouter les autres (= langage égocentrique).

Or, on a montré d'abord que le pourcentage de propos égocentriques dépend du milieu. Dans les échanges entre parents et enfants, D. et R. Katz ont trouvé fort peu de tels propos, tandis que A. Leuzinger, à la fois mère et maîtresse d'école de l'enfant étudié, en a relevé davantage à la maison qu'à l'école et avec l'adulte qu'entre enfants (affaire d'éducations interventionnistes ou non). S. Isaacs en a peu observé dans un travail scolaire attrayant, mais bien davantage dans

(1) R. F. Nielsen, *Le développement de la sociabilité chez l'enfant*, Delachaux & Niestlé, 1951.

le jeu (ce qui est très cohérent avec ce que nous avons vu du jeu symbolique) (1).

L'essentiel à cet égard est de ne pas s'en tenir à l'ensemble des propos spontanés d'enfants, dont l'expérience montre que leur interprétation n'est pas toujours aisée, mais, comme l'avait déjà fait l'un de nous, de pousser l'analyse des deux situations types dans lesquelles on peut examiner de plus près dans quelle mesure un enfant parvient ou non à assurer une action par le langage sur un autre : l'explication d'enfant à enfant et la discussion entre enfants. Or, en ces deux cas, l'observation montre la difficulté systématique des petits à se placer au point de vue du partenaire, à lui faire saisir l'information souhaitée et à modifier sa compréhension initiale. Ce n'est que par un long exercice que l'enfant en arrive (au niveau opératoire) à parler non plus pour lui, mais dans la perspective d'autrui. En sa critique du langage égocentrique, R. Zazzo a conclu qu'en de telles situations l'enfant ne parle pas « pour lui » mais « selon lui », c'est-à-dire en fonction de ses limitations comme de ses possibilités. Nous ne saurions qu'être d'accord, mais en revenant aux remarques du début de 3 de ce § IV : dans sa perspective propre, le sujet parle pour l'interlocuteur et non pas pour lui, mais dans celle des observateurs, le comparant à ce qu'il saura faire dans la suite, il parle à son point de vue et échoue à assurer un contact coopératif.

V. — Sentiments et jugements moraux

Un des résultats essentiels des relations affectives entre l'enfant et ses parents ou les adultes qui en jouent le rôle est d'engendrer les sentiments moraux spécifiques d'obligation de conscience. Freud a rendu populaire la notion d'un « sur moi », ou d'intériorisation de l'image affective du père ou des parents, devenant source de devoirs, de modèles contraignants, de remords et parfois même d'auto-

---

(1) Quant à l'interprétation du langage égocentrique, VYGOTSKY (*Thought and Language*, Wiley & Sons, 1962), qui a retrouvé les mêmes faits en U.R.S.S., les interprète comme constituant l'équivalent fonctionnel chez l'enfant et la source du langage intérieur de l'adulte, c'est-à-dire qu'il s'agirait d'une utilisation individuelle, mais non pas nécessairement égocentrique de la parole. Cette interprétation est très acceptable, mais à condition de préciser qu'elle n'exclut pas non plus l'égocentrisme (au sens précis indiqué).

punitions. Mais cette conception est plus ancienne et on en trouve déjà un remarquable développement dans l'œuvre de J. M. Baldwin. Celui-ci, qui attribuait à l'imitation la formation du moi lui-même (puisque l'imitation est nécessaire pour fournir d'abord une image complète du corps propre, puis une comparaison entre les réactions générales de l'autrui et du moi), a montré qu'à partir d'une certaine frontière, qui se dessine à l'occasion de conflits de volonté aussi bien qu'à cause des pouvoirs généraux supérieurs de l'adulte, le moi des parents ne peut plus être imité immédiatement et devient alors un « moi idéal » source de modèles contraignants et donc de conscience morale.

1. **Genèse du devoir.** — P. Bovet (1) a fourni de ce processus une analyse plus détaillée et plus exacte. Selon lui la formation du sentiment d'obligation est subordonnée à deux conditions, nécessaires l'une et l'autre et suffisantes à elles deux : 1) l'intervention de consignes données de l'extérieur, c'est-à-dire d'ordres à échéance indéterminée (ne pas mentir, etc.) ; et 2) l'acceptation de ces consignes, laquelle suppose l'existence d'un sentiment *sui generis* de celui qui reçoit la consigne pour celui qui la donne (car l'enfant n'accepte pas de consignes de n'importe qui, comme d'un cadet ou d'un personnage indifférent). Ce sentiment est, d'après Bovet, celui du respect, composé d'affection et de crainte : l'affection à elle seule ne saurait suffire à entraîner l'obligation, et la crainte à elle seule ne provoque qu'une soumission matérielle ou intéressée, mais le respect comporte à la fois l'affection et une sorte de crainte liée à la situation de l'inférieur par rapport au supérieur et suffit alors à déterminer l'acceptation des consignes et par conséquent le sentiment d'obligation (2).

(1) P. Bovet, Les conditions de l'obligation de conscience, *Année psychologique*, 1912.
(2) Cette analyse, fondée sur la psychologie de l'enfant, s'oppose à la fois à celles de Kant et de Durkheim. Kant voyait dans le respect un sentiment d'un type unique qui ne s'attache pas à une personne en tant que telle, mais seulement en tant qu'elle incarne ou représente la loi morale. Durkheim pensait de même, en remplaçant la « loi » par la « société ». Pour tous deux le respect était donc un effet de l'obligation, ultérieur à elle, tandis que pour Bovet il en est la cause préalable, et il est incontestable qu'il a raison

Mais le respect décrit par Bovet ne constitue que l'une des deux formes possibles de respect. Nous l'appellerons « unilatéral » puisqu'il relie un inférieur à un supérieur considéré comme tel, et le distinguerons du « respect mutuel » fondé sur la réciprocité dans l'estimation.

Or, ce respect unilatéral, s'il est bien la source du sentiment du devoir, engendre chez le jeune enfant une morale de l'obéissance caractérisée essentiellement par une *hétéronomie* qui s'atténuera dans la suite pour faire place, au moins partiellement, à l'autonomie propre au respect mutuel (1).

2. **L'hétéronomie.** — Cette hétéronomie se traduit par un certain nombre de réactions affectives et par certaines structures remarquables propres au jugement moral avant 7-8 ans.

Du point de vue affectif il faut noter d'abord (comme l'ont fait l'un de nous et certains collaborateurs de Lewin) que le pouvoir des consignes est initialement lié à la présence matérielle de celui qui les a données : en son absence la loi perd son action ou sa violation n'est liée qu'à un malaise momentané.

Dans la suite ce pouvoir devient durable et il se produit alors un jeu d'assimilations systématiques que les psychanalystes expriment en parlant d'identifications à l'image parentale ou aux images d'autorité. Mais la soumission ne saurait être entière et ces images engendrent une ambivalence plus ou moins systématique selon les cas. En d'autres termes les composantes du respect se dissocient et cette dissociation aboutit à des mélanges d'affection et d'hostilité, de sympathie et d'agressivité, de jalousies, etc. Il est probable que les sentiments de culpabilité, qui font parfois des ravages durant l'enfance et bien plus tard encore, sont liés, tout au moins sous leurs formes quasi névrotiques, à ces ambivalences plus qu'à l'action simple des consignes et du respect initial (2).

---

en ce qui concerne l'enfant : celui-ci ne respecte pas son père en tant que représentant de la loi ou du groupe social, mais en tant qu'individu supérieur, source des contraintes et des lois.

(1) J. PIAGET, *Le jugement moral chez l'enfant*, Alcan, 1932, Presses Universitaires de France.

(2) La culpabilité engendre des sentiments d'angoisse, étudiés notamment par Ch. ODIER (*L'angoisse et la pensée magique*, Delachaux & Niestlé, 1947) et A. FREUD (*Le moi et les mécanismes de défense*, Presses Universitaires de France), avec les mécanismes de défense que ces anxiétés provoquent : l'enfant éprouve, par exemple, une culpabilité pour avoir été hostile et l'angoisse née d'elle conduit à des autopunitions, sacrifices, etc., et se combine parfois, comme l'a montré Odier, avec certaines formes quasi magiques de précausalité (chap. IV, § III) à titre d'instruments de défense et de protection (ce qui n'est d'ailleurs pas particulier aux angoisses morales : un jeune

3. Le réalisme moral. — Du point de vue du jugement moral, l'hétéronomie conduit à une structure assez systématique, préopératoire au double point de vue des mécanismes cognitifs relationnels et des processus de socialisation : c'est le *réalisme moral*, selon lequel les obligations et les valeurs sont déterminées par la loi ou la consigne en elle-même, indépendamment du contexte des intentions et des relations.

L'un de nous a observé, par exemple, un jeune enfant qui était soumis habituellement à une consigne maternelle sans aucune importance morale (finir telle partie du repas) et qui, un jour où cette consigne était levée par la mère elle-même et pour des raisons à la fois compréhensibles et valables (indisposition de l'enfant), ne pouvait pas ne plus se sentir obligé par elle et coupable de ne pas la respecter.

Dans le domaine de l'évaluation des responsabilités, le réalisme moral conduit à cette forme bien connue dans l'histoire du droit et de la morale que l'on a appelée la *responsabilité objective* : l'acte est évalué en fonction de son degré de conformité matérielle à la loi et non pas en fonction des intentions mauvaises de violer la loi ou intention bonne se trouvant de façon involontaire en conflit avec la loi (1). Dans le domaine du mensonge, par exemple, l'enfant reçoit souvent la consigne de véracité bien avant de comprendre la valeur sociale de celle-ci, faute de socialisation suffisante, et avant parfois de pouvoir distinguer la tromperie intentionnelle des déformations du réel dues au jeu symbolique ou au simple désir. Il en résulte alors que la règle de véracité demeure comme extérieure à la personnalité du sujet et donne lieu à une situation typique de réalisme moral et de responsabilité objective, le mensonge paraissant grave dans la mesure non pas où il correspond à une intention de tromper mais où il s'éloigne matériellement de la vérité objective. L'un de nous a, par exemple, fait comparer un mensonge réel (raconter à la maison qu'on a eu une bonne note à l'école, alors qu'on n'a

garçon, futur mathématicien, changeait d'itinéraire pour aller chez le dentiste quand il avait eu trop mal la fois précédente, comme si sa douleur dépendait du chemin parcouru).

(1) Dans l'histoire du droit primitif, un homicide est criminel même s'il est accidentel et non dû à la négligence ; toucher l'arche sainte est une violation de tabou, même s'il y a péril en la demeure.

pas été interrogé) à une simple exagération (raconter, après avoir eu peur d'un chien, qu'il était gros comme un cheval ou une vache). Or, pour les petits (et cela a été vérifié par Caruso à Louvain, etc.) le premier mensonge n'est pas« vilain», car : 1) il arrive souvent qu'on ait des bonnes notes ; et surtout 2)« la maman l'a cru» ! Le second« mensonge» est au contraire très « vilain » parce qu'on n'a jamais vu un chien de cette taille-là...

4. L'autonomie. — Avec les progrès de la coopé- ration sociale entre enfants et les progrès opéra- toires corrélatifs, l'enfant en vient à des relations morales nouvelles fondées sur le *respect mutuel* et conduisant à une certaine *autonomie,* sans qu'il faille naturellement exagérer la part de ces facteurs par rapport à l'action continuée des pré- cédents. Deux faits importants sont cependant à noter :

D'une part, dans les jeux de règles, les enfants d'avant 7 ans environ, qui reçoivent les règles toutes faites de la part des aînés (par un méca- nisme dérivé du respect unilatéral) les considèrent comme « sacrées », intangibles et d'origine transcen- dante (les parents, les « Messieurs » du gouverne- ment, le Bon Dieu, etc.). Les grands voient au contraire dans la règle un produit d'accord entre contemporains, et admettent qu'on puisse la modi- fier pourvu qu'il y ait consensus, démocratique- ment réglé.

D'autre part, un produit essentiel du respect mutuel et de la réciprocité est le sentiment de la justice souvent acquis aux dépens des parents (à l'occasion d'une injustice involontaire, etc.). Or, à 7-8 ans déjà et de plus en plus ensuite la justice l'emporte sur l'obéissance elle-même et devient une norme centrale, équivalant sur le terrain affectif à ce que sont les normes de cohérence sur le terrain des opérations cognitives (à tel point qu'au niveau de la coopération et du respect mutuel il existe un parallélisme frappant entre ces opérations et la structuration des valeurs morales) (1).

VI. — Conclusion

Ce qui frappe, au cours de cette longue période de préparation puis de constitution des opérations concrètes, c'est l'unité fonctionnelle (lors de chaque sous-période) qui relie en un même tout les réactions cognitives, ludiques, affectives, sociales et morales. A comparer, en effet, la sous-période préopératoire de 2 à 7-8 ans à la sous-période d'achèvement de 7-8 à 11-12 ans, on assiste au déroulement d'un grand processus d'ensemble que l'on peut caractériser comme un passage de la centration subjective en tous les domaines à une décentration à la fois cognitive, sociale et morale. Et ce processus est d'autant plus frappant qu'il reproduit et développe en grand, au niveau de la pensée, ce que l'on constate déjà en raccourci au niveau sensori-moteur (chap. Ier, § II et IV).

L'intelligence représentative débute, en effet, par une centration systématique sur l'action propre et sur les aspects figuratifs momentanés des secteurs du réel sur lesquels elle porte ; puis elle aboutit à une décentration fondée sur les coordinations générales de l'action et permettant de constituer les systèmes opératoires de transformations et les invariants ou conservations libérant la représentation

---

(1) Notons enfin que, en étudiant sur des groupes d'enfants les choix sociométriques au sens de J.-L. Moreno (*Fondements de la sociométrie*, Presses Universitaires de France, 1954) (mais indépendamment des théories un peu aventureuses de cet auteur), B. Rey-mond-Rivier (*Choix sociométriques et motivations*, Delachaux & Niestlé, 1961) a pu montrer une évolution assez nette dans les motifs invoqués pour choisir les « leaders » : tandis que les petits invoquent des raisons partiellement hétéronomes (appréciation par les maîtres, rang à l'école, etc.), les grands recourent au contraire à des critères relevant nettement du second groupe de valeurs : être juste, ne pas « moucharder », savoir garder un secret (chez les filles), etc.

du réel de ses apparences figuratives trompeuses.

Le jeu, domaine d'interférence entre les intérêts cognitifs et affectifs, débute au cours de la sous-période de 2 à 7-8 ans par une apogée du jeu symbolique, qui est une assimilation du réel au moi et à ses désirs, pour évoluer ensuite dans la direction des jeux de construction et de règles, qui marquent une objectivation du symbole et une socialisation du moi.

L'affectivité, d'abord centrée sur les complexes familiaux, élargit son clavier au fur et à mesure de la multiplication des rapports sociaux, et les sentiments moraux, d'abord liés à une autorité sacrée mais qui en tant qu'extérieure ne parvient à aboutir qu'à une obéissance relative, évoluent dans le sens d'un respect mutuel et d'une réciprocité dont les effets de décentration sont en nos sociétés plus profonds et durables.

Enfin les échanges sociaux, qui englobent l'ensemble des réactions précédentes, puisqu'elles sont toutes à la fois individuelles et interindividuelles, donnent lieu à un processus de structuration graduelle ou socialisation, passant d'un état d'incoordination ou d'indifférenciation relative entre le point de vue propre et celui des autres à un état de coordination des points de vue et de coopération dans les actions et dans les informations. Ce processus englobe tous les autres en ce sens que, quand par exemple un enfant de 4-5 ans ne sait pas (ce qui est fréquent) qu'il est lui-même le frère ou la sœur de son frère ou de sa sœur, cette illusion de perspective intéresse aussi bien la logique des relations que la conscience du moi ; et que, lorsqu'il atteindra le niveau des opérations, il sera par cela même apte à des coopérations sans qu'on puisse dissocier ce qui est cause ou effet dans ce processus d'ensemble.

CHAPITRE V

LE PRÉADOLESCENT
ET LES OPÉRATIONS PROPOSITIONNELLES

Cette unité de la conduite se retrouve dans la période de 11-12 à 14-15 ans, où le sujet parvient à se dégager du concret et à situer le réel dans un ensemble de transformations possibles. Cette dernière décentration fondamentale qui s'accomplit au terme de l'enfance prépare l'adolescence, dont le caractère principal est sans doute une telle libération du concret au profit d'intérêts orientés vers l'inactuel et l'avenir : âge des grands idéaux ou du début des théories, en plus des simples adaptations présentes au réel. Mais si l'on a souvent décrit cet essor affectif et social de l'adolescence, on n'a pas toujours compris que sa condition préalable et nécessaire était une transformation de la pensée, rendant possibles le maniement des hypothèses et le raisonnement sur des propositions détachées de la constatation concrète et actuelle.

C'est cette nouvelle structure de la pensée qui se construit durant la préadolescence et il importe de la décrire et de l'analyser en tant que structure, ce que les auteurs de « tests » oublient trop souvent en négligeant les caractéristiques communes et générales au profit des diversités individuelles. Et il n'est qu'un moyen d'atteindre les structures comme telles, c'est d'en dégager les aspects logiques, ce qui ne consiste pas à verser dans le logicisme mais simplement à se servir d'une algèbre générale et qualitative plutôt que de (ou avant de) recourir à la quantification statistique. L'avantage de cette algèbre est en particulier de fournir un tableau des potentialités que peut utiliser un sujet normal même si chacun ne les réalise pas toutes et même si leur actualisation est sujette à des accélérations ou à des retards, selon les milieux scolaires ou sociaux.

L'examen de cette structure ou de ces sous-structures propres à la préadolescence est d'autant plus nécessaire à un tableau d'ensemble de la psychologie de l'enfant qu'elles constituent en fait un aboutissement naturel dans le prolongement des structures sensori-motrices (chap. Ier) et des groupements d'opérations concrètes (chap. IV). Si ces nouvelles transformations conduisent en un sens au terme de l'enfance, elles n'en sont donc pas moins essentielles à considérer ici, parce que, tout en ouvrant de nouvelles perspectives sur les âges ultérieurs, elles représentent en même temps un achèvement, par rapport aux périodes précédentes : il ne s'agit nullement, en effet, d'un simple étage qui se superposerait à un édifice ne le comportant pas de façon indispensable, mais bien d'un ensemble de synthèses ou de structurations qui, quoique nouvelles, prolongent directement et nécessairement les précédentes parce qu'elles comblent certaines de leurs lacunes.

I. — La pensée formelle et la combinatoire

Le propre des opérations concrètes est de porter directement sur les objets ou sur leurs réunions (classes), leurs relations ou leur dénombrement : la forme logique des jugements et raisonnements ne s'organise alors qu'en liaison plus ou moins indissociable avec leurs contenus, c'est-à-dire que les opérations fonctionnent seulement à propos de constatations ou de représentations jugées vraies, et non pas à l'occasion de simples hypothèses. La grande nouveauté du niveau dont il va être question est, au contraire, que, par une différenciation de la forme et du contenu, le sujet devient capable de raisonner correctement sur des propositions auxquelles il ne croit pas ou pas encore, c'est-à-dire qu'il considère à titre de pures hypothèses : il devient donc capable de tirer les conséquences nécessaires de vérités simplement possibles, ce qui constitue le début de la pensée hypothético-déductive ou formelle.

1. **La combinatoire.** — Le premier résultat de cette sorte de décrochage de la pensée par rapport aux objets est de libérer les relations et les classifications de leurs attaches concrètes ou intuitives. Jusqu'ici les unes comme les autres étaient asservies à cette condition, de nature essentiellement concrète, d'un cheminement procédant de proche en proche, en fonction de ressemblances graduées, et, même dans une classification zoologique (car celles-ci en restent au niveau du « groupement »), on ne peut pas extraire deux classes non contiguës, comme l'huître et le chameau, pour en faire une nouvelle classe « naturelle ». Or, avec la libération de la forme par rapport à son contenu, il devient possible de construire n'importe quelles relations et n'importe quelles classes en réunissant 1 à 1 ou 2 à 2, 3 à 3, etc., des éléments quelconques. Cette généralisation des opérations de classification ou de relations d'ordre aboutit à ce qu'on appelle une *combinatoire* (combinaisons, permutations, etc.), dont la plus simple est constituée par les opérations de combinaisons proprement dites, ou classification de toutes les classifications.

Or, cette combinatoire est d'une importance primordiale dans l'extension et le renforcement des pouvoirs de la pensée, car, sitôt constituée, elle permet de combiner entre eux des objets ou des facteurs (physiques, etc.), ou encore des idées ou propositions (ce qui engendre une nouvelle logique) et, par conséquent, de raisonner en chaque cas sur la réalité donnée (un secteur du réel physique ou une explication fondée sur des facteurs, ou encore une théorie au sens simple d'un ensemble de propositions liées) en considérant cette réalité, non plus sous ses aspects limités et concrets, mais en fonction d'un nombre quelconque ou de toutes les combinaisons possibles, ce qui renforce considérablement les pouvoirs déductifs de l'intelligence.

2. Combinaisons d'objets. — En ce qui concerne les combinaisons d'objets, on peut, par exemple, demander à l'enfant de combiner deux par deux, trois par trois, etc., des jetons de couleurs, ou de les permuter selon les divers ordres possibles. On aperçoit alors que si ces combinaisons, etc., demeurent toujours incomplètes au niveau des opérations concrètes parce que le sujet adopte une méthode de proche en proche sans généraliser, il parvient aisément (dès 12 ans pour les combinaisons, un peu plus tard pour les permutations) à trouver une méthode exhaustive au niveau considéré maintenant, sans naturellement découvrir de formule (ce qu'on ne lui demande pas) mais en dégageant un système qui tienne compte de tous les possibles (1).

3. Combinaisons propositionnelles. — Nous parlerons de la combinaison des facteurs au § IV. Pour ce qui est de celle des idées ou des propositions, il est indispensable de se référer à la logique symbolique ou algorithmique moderne qui est beaucoup plus proche du travail réel de la pensée que la syllogistique d'Aristote (2).

---

(1) De même on lui présente cinq bocaux *A-E* ne contenant que des liquides incolores, mais dont la réunion de *A*, *C* et *E* donne une couleur jaune, dont *B* est un décolorant et dont *D* est de l'eau pure (B. INHELDER et J. PIAGET, *De la logique de l'enfant à la logique de l'adolescent*, Presses universitaires de France, 1955). Le problème posé à l'enfant (avec G. Noelting) est simplement, ayant vu la couleur mais non pas la manière de l'obtenir, de la retrouver par une combinaison adéquate et de préciser les rôles de *B* et *D*. Au niveau de 7-11 ans l'enfant procède en général par combinaisons 2 à 2 puis saute à un essai des 5 ensemble. Dès 12 ans, en moyenne, il procède méthodiquement en réalisant toutes les associations possibles à 1, 2, 3, 4 et 5 éléments et résout ainsi le problème.

(2) Soit p une proposition, $\bar{p}$ sa négation, q une autre proposition et $\bar{q}$ sa négation. On peut les grouper multiplicativement, ce qui donne $p.q$ (par exemple : cet animal est un cygne et est blanc), $\bar{p}.q$ (ce n'est pas un cygne, mais il est blanc), non $p.\bar{q}$ (c'est un cygne, mais non blanc) et $\bar{p}.\bar{q}$ (il n'est ni cygne ni blanc). Or ceci n'est

Il va de soi que l'enfant de 12-15 ans n'en dégage pas les lois, pas plus qu'il ne cherche la formule des combinaisons pour combiner des jetons. Mais ce qui est remarquable est que, au niveau où il devient capable de combiner des objets, par une méthode exhaustive et systématique, il se révèle apte à combiner des idées, ou hypothèses, sous la forme d'affirmations et de négations, et d'utiliser ainsi des opérations propositionnelles inconnues de lui jusqu'alors : l'implication (si... alors), la

pas une combinatoire mais un simple « groupement » multiplicatif accessible dès 7 ou 8 ans (chap. IV, § I-4). Par contre, de ces quatre associations multiplicatives, on peut tirer 16 combinaisons en les prenant 0, 1 à 1, ou 2 à 2, 3 à 3, ou les 4 à la fois. Si le signe (.) exprime la conjonction et (v) la disjonction, on a, en effet : 1) $p.q$; 2) $p.\bar{q}$; 3) $\bar{p}.q$; 4) $\bar{p}.\bar{q}$; 5) $p.q \vee \bar{p}.q$; 6) $p.q \vee \bar{p}.\bar{q}$; 7) $p.q \vee p.\bar{q}$; 8) $p.q \vee \bar{p}.q$), etc., soit 1 association à 0 ; 4 à 1 ; 6 à 2 ; 4 à 3 ; et 1 à 4 associations. Or, il se trouve que ces 16 combinaisons (ou 256 pour 3 propositions, etc.) constituent des opérations nouvelles, toutes distinctes et qu'on peut appeler « propositionnelles » puisqu'elles consistent à combiner des propositions du seul point de vue de leur vérité et de leur fausseté. Par exemple si les quatre associations indiquées sont toutes vraies, cela signifie qu'il n'y a pas de rapport nécessaire entre les cygnes et la blancheur. Mais avant la découverte des cygnes noirs d'Australie, on eût dit que l'association $p.\bar{q}$ est fausse : il serait donc resté « $p.q$ ou $\bar{p}.q$ ou $\bar{p}.\bar{q}$ », c'est-à-dire une implication (cygne implique blancheur, parce que si c'est un cygne, il est blanc ; mais un objet peut être blanc sans être un cygne $(\bar{p}.q)$ ou n'être ni l'un ni l'autre $(\bar{p}.\bar{q})$).

Remarquons que ces opérations propositionnelles ne se réduisent nullement à une nouvelle manière de noter les faits : elles constituent au contraire une vraie logique du sujet et une logique beaucoup plus riche que celle des opérations concrètes. D'une part, en effet, elles sont seules à permettre un raisonnement formel portant sur des hypothèses énoncées verbalement comme c'est le cas en toute discussion poussée ou en tout exposé cohérent. En second lieu elles s'appliquent aux données expérimentales et physiques, comme nous le verrons aux §§ III et IV et sont seules à permettre une dissociation des facteurs (combinatoire), donc l'exclusion des hypothèses fausses (§ IV) et la construction de schèmes explicatifs complexes (§ III). En troisième lieu, elles constituent en fait un prolongement et une généralisation des opérations concrètes, à elles seules incomplètes, car une combinatoire n'est pas autre chose qu'une classification de classifications et le groupe des deux réversibilités (§ II) n'est pas autre chose que la synthèse de tous les groupements : les opérations propositionnelles représentent donc en fait des opérations à la seconde puissance, mais portant sur des opérations concrètes (puisque chaque proposition constitue déjà, en son contenu, le résultat d'une opération concrète).

disjonction (ou... ou... ou les deux), l'exclusion (ou... ou) ou l'incompatibilité (ou... ou... ou ni l'un ni l'autre), l'implication réciproque, etc.

II. — Le « groupe » des deux réversibilités

La libération des mécanismes formels de la pensée, par rapport à son contenu, n'aboutit pas seulement à la constitution d'une combinatoire, comme nous venons de le voir, mais à l'élaboration d'une structure assez fondamentale qui marque à la fois la synthèse des structures antérieures de « groupements » et le point de départ d'une série de progrès nouveaux.

Les groupements d'opérations concrètes dont nous avons rappelé les grandes lignes au § II, chap. IV, sont de deux sortes et témoignent de deux formes essentielles de réversibilité qui sont déjà, à ce niveau de 7 à 11 ans, l'aboutissement d'une longue évolution à partir des schèmes sensori-moteurs et des régulations représentatives préopératoires.

La première de ces formes de réversibilité est l'*inversion* ou négation, dont la caractéristique est que l'opération inverse composée avec l'opération directe correspondante aboutit à une annulation : $+ A - A = 0$. Or, la négation remonte aux formes les plus primitives de conduites : un bébé peut poser devant lui un objet, puis l'enlever ; dès qu'il parlera, il sera capable de dire « non » avant même de dire « oui », etc. Au niveau des premières classifications préopératoires, il saura déjà réunir un objet à d'autres ou l'en séparer, etc. C'est la généralisation et surtout la structuration exacte de telles conduites d'inversion qui caractériseront les premières opérations, avec leur réversibilité stricte. A cet égard, l'inversion caractérise les « groupements » de classes, soit additifs (suppression d'un objet ou d'un ensemble d'objets), soit multiplicatifs (l'inverse de la multiplication de deux classes est l'« abstraction » ou suppression d'une intersection) (1).

La seconde des formes de réversibilité est par contre la *réciprocité* ou symétrie, dont la caractéristique est que l'opé-

---

(1) Par exemple les merles blancs, abstraction faite de cette blancheur, sont encore des merles.

ration de départ composée avec sa réciproque aboutit à une équivalence. Si par exemple l'opération de départ consiste à introduire une différence entre A et B sous la forme $A < B$ et que l'opération réciproque consiste à annuler cette différence ou à la parcourir en sens contraire, on aboutit à l'équivalence $A = A$ (ou si $A \leqslant B$ et $B \geqslant A$ alors $A = B$). La réciprocité est la forme de réversibilité qui caractérise les groupements de relation, mais elle aussi tire sa source de conduites bien antérieures sous forme de symétries. Il existe ainsi des symétries spatiales, perceptives ou représentatives, des symétries motrices, etc. Au niveau des régulations représentatives préopératoires, un enfant dira qu'une boulette transformée en saucisse contient plus de pâte parce qu'elle est plus longue, mais, si on l'allonge de plus en plus, il aboutira par réciprocité (régulatoire et non pas opératoire) à l'idée qu'elle en contient moins parce qu'elle est trop mince.

Mais au niveau des groupements d'opérations concrètes ces deux formes possibles de réversibilité régissent chacune son domaine, les systèmes de classes ou ceux de relations, sans construction d'un système d'ensemble qui permettrait de passer déductivement d'un ensemble de groupements à un autre et de composer entre elles les transformations inverses et réciproques. En d'autres termes les structures d'opérations concrètes, quels que soient leurs progrès par rapport aux régulations préopératoires, demeurent incomplètes ou inachevées et nous avons déjà vu comment l'invention de la combinatoire permet de combler une de leurs lacunes.

En ce qui concerne la réunion en un seul système des inversions et des réciprocités, il se produit une conquête analogue et d'ailleurs solidaire de la précédente.

D'une part, le décrochage des mécanismes formels qui se libèrent de leurs contenus conduit naturellement à se libérer des groupements procédant de proche en proche et à chercher à combiner inversions et réciprocités. D'autre part, la combinatoire conduit à superposer aux opérations élémentaires un nouveau système d'opérations sur les opérations, ou opérations propositionnelles (dont le contenu consiste en opérations de classes, de relations ou de nombres, tandis que leur forme constitue une combinatoire qui les survole) : il en résulte alors que les opérations nouvelles, étant combinatoires, comportent toutes les combinaisons, y compris précisément les inversions et les réciprocités.

Mais la beauté du système nouveau qui s'impose alors et qui démontre son caractère de synthèse ou d'achèvement (en attendant naturellement d'être intégré en des systèmes plus larges) est qu'il n'y a pas simplement juxtaposition des inversions et des réciprocités, mais fusion opératoire en un tout unique, en ce sens que chaque opération sera dorénavant *à la fois* l'inverse d'une autre et la réciproque d'une troisième, ce qui donne quatre transformations : directe, inverse, réciproque et inverse de la réciproque, cette dernière étant en même temps corrélative (ou duale) de la première.

Prenons comme exemple l'implication $p \supset q$ et plaçons-nous dans la situation expérimentale où un enfant de 12 à 15 ans cherche à comprendre les liaisons entre des phénomènes qu'il ne connaît pas, mais qu'il analyse au moyen des opérations propositionnelles nouvelles dont il dispose, et non pas par tâtonnements au hasard. Supposons ainsi qu'il assiste à un certain nombre de mouvements d'un mobile et d'arrêts, ceux-ci semblant s'accompagner de l'allumage d'une lampe. La première hypothèse qu'il fera est que la lumière est cause (ou indice de la cause) des arrêts : soit $p \supset q$ (lumière implique arrêt). Pour contrôler l'hypothèse, il n'est qu'un moyen : vérifier s'il existe ou non des allumages sans arrêts : soit $p.\bar{q}$ (opération inverse ou négation de $p \supset q$). Mais il peut se demander aussi si l'allumage, au lieu de provoquer l'arrêt, est déclenché par lui, soit $q \supset p$, qui est cette fois la réciproque et non plus l'inverse de $p \supset q$. Pour contrôler $q \supset p$ (arrêt implique lumière), il cherchera le contre-exemple, c'est-à-dire des arrêts sans allumages $\bar{p}.q$ (inverse de $q \supset p$ qu'il exclura donc s'il en existe de tels). Or $\bar{p}.q$ qui est l'inverse de $q \supset p$

est en même temps la corrélative de $p \supset q$ car si, toutes les fois qu'il y a allumage il y a arrêt $(p \supset q)$, il peut y avoir en ce cas des arrêts sans allumages. De même $p.\bar{q}$ qui est l'inverse de $p \supset q$ est aussi la corrélative de $q \supset p$, car si toutes les fois qu'il y a arrêt il y a allumage $(q \supset p)$, il peut aussi y avoir en ce cas des allumages sans arrêts. De même, si $q \supset p$ est la réciproque de $p \supset q$ alors $\bar{p}.q$ l'est aussi de $p.\bar{q}$.

On voit ainsi que, sans connaître aucune formule logique, ni la formule des « groupes » au sens mathématique (pas plus que le bébé ne la connaît quand il découvre le groupe pratique des déplacements), le préadolescent de 12-15 ans sera capable de manipuler des transformations selon les quatre possibilités I (transformation identique), N (inverse), R (réciproque) et C (corrélative), soit, dans le cas de $p \supset q$:

$$I = p \supset q\,;\quad N = p.\bar{q}\,;\quad R = q \supset p\quad \text{et}\quad C = \bar{p}.q$$

Or $N = RC\,;\ R = NC\,;\ C = NR$ et $I = NRC$ (1), ce qui constitue un groupe de quatre transformations ou de quaternalité réunissant en un même système les inversions et les réciprocités, et réalisant ainsi la synthèse des structures partielles construites jusque-là au niveau des opérations concrètes.

III. — Les schèmes opératoires formels

Il apparaît aux environs de 11-12 ans une série de schèmes opératoires nouveaux, dont la formation à peu près synchrone semble indiquer qu'il existe une liaison entre eux, mais dont on n'aperçoit guère la parenté structurale en se plaçant au point de vue de la conscience du sujet : tels sont les notions de proportions, les doubles systèmes de référence, la compréhension d'un équilibre hydrostatique, certaines formes de probabilité, etc.

Or, à l'analyse, chacun de ces schèmes se révèle comporter, soit une combinatoire (mais rarement à elle seule), soit surtout un système de quatre transformations qui relève du groupe de quaterna-

(1) Cela signifie que $N = (p.q)$ est la réciproque R de $C = (\overline{p}.q)$; que $R = (q.p)$ est l'inverse N de la corrélative $(p.q)$, etc.

lité précédent et montre la généralité de son emploi bien que le sujet n'ait naturellement pas conscience de l'existence de cette structure en tant que telle.

1. Les proportions. — La relation entre le groupe mathématique de quaternalité et les proportions numériques ou métriques est bien connue, mais ce que l'on connaissait moins avant les recherches sur le développement de la logique chez l'enfant, c'est, d'une part, le groupe de quaternalité en tant que structure interpropositionnelle et, d'autre part, le fait que la notion de proportion débute toujours sous une forme qualitative et logique avant de se structurer quantitativement.

Or, on voit la notion de proportions apparaître dès 11-12 ans en des domaines très différents et toujours sous la même forme initialement qualitative. Ces domaines sont entre autres : les proportions spatiales (figures semblables), les vitesses métriques ($e/t = ne/nt$), les probabilités ($x/y = nx/ny$), les relations entre poids et longueurs des fléaux dans la balance, etc. Dans le cas de la balance, par exemple, le sujet en arrive d'abord, par une voie ordinale, à constater que plus le poids augmente, plus le fléau penche et s'éloigne de la ligne d'équilibre : ces constatations le conduisent à découvrir une fonction linéaire et à comprendre une première condition d'équilibre (égalité des poids à distances égales du milieu). Il découvre de même par une voie ordinale qu'un même poids P fait d'autant plus pencher la balance qu'on l'éloigne de ce point médian du fléau : il en tire également une fonction linéaire et la constatation que l'équilibre est atteint pour deux poids égaux si l'on maintient égales leurs distances L quelles qu'elles soient. La découverte de la proportionnalité inverse entre poids et longueurs s'obtient alors elle aussi par une mise en relation qualitative entre ces deux fonctions initialement ordinales. La compréhension débute lorsque l'enfant s'aperçoit qu'il y a équivalence de résultats chaque fois que, d'un côté, il augmente un poids sans changer la longueur, et, de l'autre, il augmente la longueur sans changer le poids : il en tire ensuite l'hypothèse (qu'il vérifie ordinalement) qu'en partant de deux poids égaux à mêmes distances du centre on conserve l'équilibre en diminuant l'un, mais en l'éloignant, et en augmentant l'autre, mais en le rapprochant du centre. C'est alors, et alors seulement, qu'il en vient aux proportions métriques simples $\dfrac{P}{L} = \dfrac{2\,P}{2\,L}$, etc., mais il ne les découvre qu'à partir de la proportion qualitative précédente, que l'on peut exprimer comme suit : diminuer le poids en augmentant la longueur équivaut à augmenter le poids en diminuant la longueur (1).

2. Doubles systèmes de référence. — Il en va de même pour les doubles systèmes de référence. Si un escargot se déplace sur une planchette dans un sens ou dans l'autre et que la planchette elle-même avance ou recule par rapport à un point de référence extérieur, l'enfant au niveau des opérations concrètes comprend bien ces deux couples d'opérations directes et inverses, mais ne parvient pas à les composer entre eux et à anticiper, par exemple, que l'escargot tout en avançant peut rester immobile par rapport au point extérieur parce que le mouvement de la planche compense sans l'annuler celui de l'animal : sitôt atteinte la structure de quaternalité, la solution est au contraire aisée par l'intervention de cette compensation sans annulation qu'est la réciprocité (R). On a donc cette fois $I\,.\,R = N\,.\,C$ (où (I) est par exemple la marche à droite de l'escargot ; (R) la marche à gauche de la planche ; (N) la marche à gauche de l'escargot ; et (C) la marche à droite de la planche).

3. Équilibre hydrostatique. — En une presse hydraulique de forme U, on place dans l'une des branches un piston dont on peut augmenter ou diminuer le poids, ce qui modifie le niveau du liquide dans l'autre branche ; on peut, d'autre part, modifier le poids spécifique du liquide (alcool, eau ou glycé-

---

(1) On constate ainsi que le schème de la proportionnalité est très directement tiré du groupe de quaternalité. Le sujet part de deux transformations comportant chacune une inverse : augmenter ou diminuer le poids ou la longueur (donc $+ P$ et $+ L$), puis il découvre que l'inverse de l'une (diminution du poids : $- P$) peut être remplacée par l'inverse de l'autre (diminution de longueur : $- L$), qui n'est donc pas identique à la première inverse, mais aboutit au même résultat par compensation et non plus par annulation : si $+ P$ est considérée comme l'opération de départ (I) et $- P$ comme l'inverse (N), alors $- L$ est la réciproque (R) de $+ P$ et $+ L$ sa corrélative (C). Du seul fait qu'on est en présence de deux couples de transformations directes et inverses et d'une relation d'équivalence (mais non d'identité), le système des proportions relève de la quaternalité sous la forme $I/R = C/N$ (d'où les produits croisés $IN = RC$).

rine) qui monte d'autant plus haut qu'il est moins lourd. Le problème est ici de comprendre que le poids du liquide agit en sens contraire de celui du piston, en tant que réaction opposée à son action. Il est intéressant de noter que jusque vers 9-10 ans cette réaction ou résistance du liquide n'est pas comprise comme telle mais que le poids de ce liquide est conçu comme s'ajoutant à celui du piston et comme agissant dans le même sens. Ici à nouveau, le mécanisme n'est compris qu'en fonction de la structure de quaternalité : si (I) = l'augmentation de poids du piston et (N) = sa diminution, alors l'augmentation du poids spécifique du liquide est une réciproque (R) par rapport à (I) et sa diminution une corrélative (C).

4. **Les notions probabilistes.** — Un ensemble fondamental de schèmes opératoires rendus également possibles par les opérations formelles est celui des notions probabilistes résultant d'une assimilation du hasard par ces opérations. En effet, pour juger, par exemple, de la probabilité de couples ou de trios tirés au sort dans une urne comprenant 15 boules rouges, 10 bleues, 8 vertes, etc., il faut être capable d'opérations dont deux au moins sont propres au présent niveau : une combinatoire, permettant de tenir compte de toutes les associations possibles entre les éléments en jeu ; et un calcul de proportions, si élémentaire soit-il, permettant de saisir (ce qui échappe aux sujets des niveaux précédents) que des probabilités telles que 3/9 ou 2/6, etc., sont égales entre elles. C'est pourquoi ce n'est qu'au stade débutant vers 11-12 ans que sont comprises ces probabilités combinatoires ou des notions telles que celles de fluctuation, de corrélation ou même de compensations probables avec l'augmentation des nombres. Il est particulièrement frappant à cet égard de constater le caractère tardif de la « loi des grands nombres », les jeunes sujets n'acceptant de prévoir une uniformisation des distributions que jusqu'à une certaine limite (jusqu'à ce que l'on pourrait appeler de « petits grands nombres »).

IV. — L'induction des lois
et la dissociation des facteurs

Les opérations propositionnelles sont naturellement liées bien davantage que les opérations
« concrètes » à un maniement suffisamment précis
et mobile du langage, car pour manipuler propositions et hypothèses il importe de pouvoir les
combiner verbalement. Mais il serait erroné d'imaginer que les seuls progrès intellectuels du préadolescent et de l'adolescent sont ceux qui se marquent
par cette amélioration du discours. Les exemples
choisis dans les paragraphes précédents montrent
déjà que les effets de la combinatoire et de la
double réversibilité se font sentir dans la conquête
du réel aussi bien que dans celle de la formulation.

Mais il est un aspect remarquable de la pensée
de cette période, sur lequel on a trop peu insisté
parce que la formation scolaire usuelle néglige
presque totalement sa culture (au mépris des exigences techniques et scientifiques les plus évidentes
de la société moderne) : c'est la formation spontanée
d'un esprit expérimental, impossible à constituer
au niveau des opérations concrètes, mais que la
combinatoire et les structures propositionnelles
rendent dorénavant accessible aux sujets pour
autant qu'on leur en fournit l'occasion. En voici
trois exemples :

1. **L'élasticité.** — La technique utilisée par l'une de nous a
consisté à présenter aux sujets des dispositifs physiques dont
il s'agit de découvrir les lois de fonctionnement qu'ils mettent
en jeu ; mais les situations choisies sont telles que plusieurs
facteurs possibles interfèrent, parmi lesquels il importe de
choisir ceux qui jouent un rôle effectif. Une fois que l'enfant
s'est livré à cette induction plus ou moins complexe, on lui
demande de fournir dans le détail la preuve de ses affirmations,
et notamment la preuve du rôle positif ou nul de chacun des
facteurs énumérés spontanément. On se trouve ainsi à même,

en observant successivement le comportement inductif et la conduite de la vérification, de juger si le sujet parvient à une méthode expérimentale suffisante, par dissociation des facteurs et variation respective de chacun d'eux en neutralisant les autres.

Par exemple, on présente au sujet un ensemble de tiges métalliques qu'il peut fixer lui-même à une de leurs extrémités et le problème est de trouver les raisons de leurs différences de flexibilité. Les facteurs en jeu dans ce matériel sont la longueur des tiges, leur épaisseur, la forme de leur section et la matière dont elles sont faites (ici : acier et laiton, dont les modules d'élasticité sont bien distincts). Au niveau des opérations concrètes, le sujet ne cherche pas à se donner un inventaire préalable des facteurs mais passe directement à l'action par des méthodes de sériation et de correspondance sérielle : examiner des tiges de plus en plus longues et voir si elles sont de plus en plus flexibles, etc. En cas d'interférence entre deux facteurs, le second est analysé à son tour par la même méthode, mais sans dissociation systématique.

Au niveau de la preuve elle-même, on voit encore des sujets de 9 à 10 ans choisir une tige longue et mince et une courte et épaisse pour démontrer le rôle de la longueur, parce qu'ainsi, nous dit un garçon de 9 1/2 ans, « on voit mieux la différence » ! Dès 11-12 ans, au contraire (avec palier d'équilibre à 14-15 ans), le sujet, après quelques tâtonnements, fait sa liste de facteurs à titre hypothétique, puis les étudie un à un mais en les dissociant des autres, c'est-à-dire qu'il en fait varier un seul à la fois, toutes choses égales d'ailleurs : il choisira par exemple deux tiges de même largeur, de même forme de section carrée, rectangulaire ou ronde, de même substance et ne fera varier que la longueur. Cette méthode, qui se généralise vers 13-14 ans, est d'autant plus remarquable qu'elle n'est nullement apprise chez les sujets examinés jusqu'ici.

Si elle n'est pas transmise scolairement (et, si elle l'était, encore faudrait-il qu'elle soit assimilée par les instruments logiques nécessaires), c'est donc qu'elle résulte directement des structures propres aux opérations propositionnelles. Or c'est bien le cas. D'une part, de façon générale, la dissociation des facteurs suppose une combinatoire : les faire varier un à un (ce qui suffit ici, où ils jouent tous un rôle positif), deux à deux, etc.

D'autre part, en un système complexe d'influences, les opérations concrètes de classifications, sériations, correspondances, mesures, etc., ne suffisent pas et il est nécessaire d'introduire ces liaisons nouvelles d'implications, disjonctions, exclusions, etc., qui relèvent des opérations propositionnelles et supposent à la fois une combinatoire et des coordinations d'inversion et de réciprocité (quaternalité).

2. Le pendule. — Un second exemple fait comprendre cette inévitable complexité logique, sitôt que l'expérience fait intervenir un mélange de facteurs *réels* et de facteurs *apparents* (ce n'est pas sans raison que la physique expérimentale a été d'une vingtaine de siècles en retard sur la formation des mathématiques et de la logique). Il s'agit d'un pendule dont on peut faire varier la fréquence des oscillations en modifiant la longueur du fil, tandis que le poids suspendu à l'extrémité du fil, la hauteur de chute et l'élan initial ne jouent aucun rôle. Or, ici encore, les sujets du niveau des opérations concrètes font tout varier à la fois et, persuadés que la variation des poids joue un rôle (comme d'ailleurs presque tous les adultes non physiciens), ils ne parviennent pas ou que très difficilement à l'exclure, car en modifiant à la fois la longueur du fil et le poids ils trouvent en général de bonnes raisons à leurs yeux pour justifier l'action de celui-ci. Au contraire, en dissociant les facteurs comme on a vu (§ I), le préadolescent constate que le poids peut varier sans modifier la fréquence d'oscillation et réciproquement, ce qui entraîne l'exclusion du facteur poids ; et qu'il en est de même pour la hauteur de chute et l'élan que le sujet peut imprimer au mobile à son départ (1).

(1) *Conservation du mouvement.* — Il est inutile de fournir d'autres faits du même ordre, mais il peut être intéressant de signaler que les débuts de l'induction expérimentale conduisent, toutes proportions gardées, à des raisonnements analogues à ceux des débuts de la physique galiléenne. Aristote concevait l'induction comme une simple généralisation amplifiante, ce qui ne lui a pas permis de conduire sa physique aussi loin que sa logique (il en reste, pour la notion de vitesse, à des opérations purement concrètes). Les empiristes l'ont suivi en voyant dans l'induction un pur enregistrement des données de l'expérience, sans comprendre le rôle fondamental de structuration du réel que jouent les opérations logico-mathématiques et notamment les structures formelles des niveaux dont nous nous occupons ici. Or, cette structuration va d'emblée si loin qu'elle permet à certains sujets (nous ne disons pas tous mais nous en avons observé souvent) d'entrevoir cette forme de conservation, impossible à constater à l'état pur dans les faits, qu'est le principe d'inertie, modèle d'interprétation déductive et théorique. Analysant les mouvements, sur un plan horizontal, de différentes billes de poids et volume variables, ces sujets constatent que leurs arrêts sont fonction de la résistance de l'air, du frottement, etc. : si p est l'affirmation de l'arrêt, q, r, s... celle des facteurs en jeu (et v le symbole de la disjonction), on a : $(p) \supset (q \vee r \vee s...)$. Ils en concluent alors qu'en supprimant ces facteurs il n'y aurait plus d'arrêt : $(\bar{p}.\bar{r}.\bar{s}...) \supset \bar{p}$. Il y a donc là une ébauche d'intuition du mouvement inertiel, due à la simple réversibilité des opérations propositionnelles naissantes.

V. — Les transformations affectives

On a longtemps considéré les nouveautés affectives propres à l'adolescence, et se préparant dès la phase de 12 à 15 ans, comme relevant avant tout de mécanismes innés et quasi instinctifs, ce qu'admettent souvent encore les psychanalystes lorsqu'ils centrent leurs interprétations de ces niveaux sur l'hypothèse d'une « réédition de l'Œdipe ». En réalité le rôle des facteurs sociaux (au double sens de la socialisation et des transmissions culturelles) est bien plus important et est favorisé, davantage que l'on ne l'a soupçonné, par les transformations intellectuelles dont il vient d'être question.

En effet, la différence essentielle entre la pensée formelle et les opérations concrètes est que celles-ci sont centrées sur le réel, tandis que celle-là atteint les transformations possibles et n'assimile le réel qu'en fonction de ces déroulements imaginés ou déduits. Or, ce changement de perspective est tout aussi fondamental au point de vue affectif que cognitif, car le monde des valeurs peut demeurer lui aussi intérieur aux frontières de la réalité concrète et perceptible ou au contraire s'ouvrir sur toutes les possibilités interindividuelles ou sociales.

L'adolescence (15-18 ans) étant l'âge de l'insertion de l'individu dans la société adulte bien plus encore que l'âge de la puberté (actuellement 13 ans environ chez les filles et 15 chez les garçons), la préadolescence est caractérisée à la fois par une accélération de la croissance physiologique et somatique et par cette ouverture des valeurs sur les possibilités nouvelles auxquelles le sujet se prépare déjà parce qu'il parvient à les anticiper grâce à ses nouveaux instruments déductifs.

Il importe, en effet, de remarquer que chaque structure mentale nouvelle, en intégrant les précédentes, parvient tout à la fois à libérer en partie l'individu de son passé et à inaugurer des activités nouvelles qui, au présent niveau, sont elles-mêmes orientées essentiellement vers l'avenir. Or, la psychologie clinique et surtout la psychanalyse dont la mode domine actuellement ne voient souvent dans l'affectivité qu'un jeu de répétitions ou d'analogies avec le passé (réédition de l'Œdipe ou du narcissisme, etc.). A. Freud (1) et E. Erikson (2) ont bien insisté sur les « identifications successives » avec des aînés faisant figure de modèles et libérant des choix infantiles, avec d'ailleurs le danger d'une « diffusion d'identité » (Erikson), mais ce qu'ils ont peu vu est le rôle de l'autonomie concrète acquise durant la seconde enfance (chap. IV, § V) et surtout le rôle des constructions cognitives qui permettent cette anticipation du futur et cette ouverture sur les valeurs nouvelles dont nous parlions à l'instant.

L'autonomie morale, qui débute sur le plan interindividuel au niveau de 7 à 12 ans, acquiert, en effet, avec la pensée formelle une dimension de plus dans le maniement de ce que l'on pourrait appeler les valeurs idéales ou supra-individuelles. L'un de nous, étudiant jadis avec A. M. Weil (3) le développement de l'idée de patrie, a constaté qu'elle ne prenait une valeur affective adéquate qu'au niveau de 12 ans et davantage. Il en est de même de l'idée de justice sociale ou des idéaux

---

(1) A. FREUD, *Le moi et les mécanismes de défense*, Presses Universitaires de France.
(2) E. ERIKSON, *Enfance et société*, Delachaux & Niestlé.
(3) J. PIAGET et A. M. WEIL, Le développement chez l'enfant de l'idée de patrie et des relations avec l'étranger, *Bull. international des Sciences sociales Unesco*, t. III, 1951, p. 605-621.

rationnels, esthétiques ou sociaux. En fonction de telles valeurs, les décisions à prendre, en opposition ou en accord avec l'adulte et notamment dans la vie scolaire, ont une tout autre portée que dans les petits groupes sociaux du niveau des opérations concrètes.

Quant aux possibilités qu'ouvrent ces valeurs nouvelles, elles sont claires chez l'adolescent lui-même, qui présente cette double différence d'avec l'enfant d'être capable de construire des théories et de se préoccuper du choix d'une carrière qui corresponde à une vocation et lui permette de satisfaire ses besoins de réformation sociale et de création d'idées nouvelles. Le préadolescent n'en est pas à ce niveau, mais de nombreux indices montrent, en cette phase de transition, le début de ce jeu de construction d'idées ou de structuration des valeurs liées à des projets d'avenir. Malheureusement il existe peu d'études sur ce sujet (1).

---

(1) La raison en est entre autres que nous savons bien aujourd'hui combien les résultats des études connues sur l'adolescence (Stanley Hall, Mendousse, Spranger, Ch. Bühler, Debesse, etc.) sont relatifs à nos sociétés et encore à certaines classes sociales, au point que l'on peut se demander si les « crises » souvent décrites ne sont pas des sortes d'artefacts sociaux. M. Mead à Samoa, Malinowski chez les Trobrians de la Nouvelle-Guinée n'ont pas trouvé les mêmes manifestations affectives, et Schelsky dans son enquête sur *Die skeptische Generation* montre leurs transformations dans nos propres sociétés. Un facteur sociologique essentiel est, d'autre part, la valorisation dont l'adolescent et le préadolescent sont l'objet de la part de la société adulte elle-même : quantités négligeables dans les sociétés conservatrices, il est l'homme de demain dans les pays en pleine évolution et il va de soi que ces facteurs, s'ajoutant aux valorisations familiales, jouent un rôle essentiel en cette évolution complexe.

LES FACTEURS
DU DÉVELOPPEMENT MENTAL

Le développement mental de l'enfant apparaît au total comme une succession de trois grandes constructions dont chacune prolonge la précédente, en la reconstruisant d'abord sur un nouveau plan pour la dépasser ensuite de plus en plus largement. Cela est vrai déjà de la première, car la construction des schèmes sensori-moteurs prolonge et dépasse celle des structures organiques au cours de l'embryogenèse. Puis la construction des relations sémiotiques, de la pensée et des connexions interindividuelles intériorise ces schèmes d'action en les reconstruisant sur ce nouveau plan de la représentation et les dépasse jusqu'à constituer l'ensemble des opérations concrètes et des structures de coopération. Enfin, dès le niveau de 11-12 ans, la pensée formelle naissante restructure les opérations concrètes en les subordonnant à des structures nouvelles, dont le déploiement se prolongera durant l'adolescence et toute la vie ultérieure (avec bien d'autres transformations encore).

Cette intégration de structures successives dont chacune conduit à la construction de la suivante permet de découper le développement en grandes périodes ou stades et en sous-périodes ou sous-stades, qui obéissent aux critères suivants : 1) Leur ordre de succession est constant, quoique les âges moyens qui les caractérisent puissent varier d'un individu à l'autre, selon son degré d'intelligence, ou d'un milieu social à un autre. Le déroulement des stades peut donc donner lieu à des accélérations ou à des retards, mais l'ordre de succession demeure constant dans les domaines (opérations, etc.) où l'on peut parler de tels stades ; 2) Chaque stade est caractérisé par une structure d'ensemble en fonction de laquelle on peut expliquer les principales réactions particulières. On ne saurait donc se contenter d'une référence à celles-ci, ni même se borner à faire appel à la prédominance de tel ou tel caractère (comme c'est le cas des stades de Freud ou de Wallon) ; 3) Ces structures d'ensemble sont intégratives et ne se substituent pas les unes aux autres : chacune résulte de la précédente, en l'inté-

grant à titre de structure subordonnée, et prépare la suivante
en s'intégrant tôt ou tard à elle.

Le grand problème que soulèvent l'existence d'un tel développement et la direction intégrative que l'on y peut reconnaître
a posteriori est alors d'en comprendre le mécanisme. Ce problème prolonge d'ailleurs celui que se posent déjà les embryo-
logistes lorsqu'ils se demandent dans quelle mesure l'organisation ontogénétique résulte d'une préformation ou d'une
épigenèse et quels en sont les processus d'ordre causal. C'est
assez dire que nous n'en sommes encore qu'aux solutions pro-
visoires et que les théories explicatives de l'avenir ne seront
satisfaisantes qu'en parvenant à intégrer en une totalité harmo-
nieuse les interprétations de l'embryogenèse, de la croissance
organique et du développement mental.

En attendant, il faut nous contenter de la discussion des quatre facteurs généraux assignés jusqu'ici à l'évolution mentale :

1) La croissance organique et spécialement la maturation
du complexe formé par le système nerveux et les systèmes
endocriniens. Il n'y a pas de doute, en effet, qu'un certain
nombre de conduites dépendent plus ou moins directement
des débuts du fonctionnement de certains appareils ou cir-
cuits : c'est le cas de la coordination de la vision et de la
préhension vers 4 mois 1/2 (Tournay) ; les conditions organiques de la perception ne sont pleinement réalisées qu'à l'adolescence tandis que le fonctionnement rétinien est très précoce
(chap. II, § I, en note) ; la maturation joue un rôle durant
toute la croissance mentale.

Mais quel est ce rôle ? Il faut noter, en premier lieu, que nous
en connaissons encore fort mal le détail et ne savons en particulier à peu près rien des conditions maturationnelles rendant
possible la constitution des grandes structures opératoires.
En second lieu, là où nous sommes renseignés, nous voyons
que la maturation consiste essentiellement à ouvrir des possibilités nouvelles et constitue donc une condition nécessaire
de l'apparition de certaines conduites, mais sans fournir les
conditions suffisantes, car il reste également nécessaire que les
possibilités ainsi ouvertes se réalisent et, pour ce faire, que la
maturation se double d'un exercice fonctionnel et d'un *minimum* d'expérience. En troisième lieu, plus les acquisitions
s'éloignent des origines sensori-motrices et plus leur chrono-
logie est variable, non pas dans l'ordre de succession, mais
dans les dates d'apparition : ce fait suffit à montrer que la
maturation est de moins en moins seule à l'œuvre et que les
influences du milieu physique ou social croissent en importance.

En un mot, si la maturation organique constitue à coup sûr

un facteur nécessaire, jouant en particulier un rôle sans doute indispensable dans l'ordre invariant de succession des stades, elle n'explique pas tout le développement et ne représente qu'un facteur parmi les autres.

2) Un second facteur fondamental est le rôle de l'exercice et de l'expérience acquise dans l'action effectuée sur les objets (par opposition à l'expérience sociale). Ce facteur est lui aussi essentiel et nécessaire, jusque dans la formation des structures logico-mathématiques. Mais c'est un facteur complexe, et qui n'explique pas tout, malgré ce qu'en dit l'empirisme. Il est complexe, parce qu'il existe deux types d'expérience : *a)* L'expérience physique, qui consiste à agir sur les objets pour en abstraire les propriétés (par exemple comparer deux poids indépendamment des volumes) ; *b)* L'expérience logico-mathématique, qui consiste à agir sur les objets, mais en vue de connaître le résultat de la coordination des actions (par exemple lorsqu'un enfant de 5-6 ans découvre empiriquement que la somme d'un ensemble est indépendante de l'ordre spatial des éléments ou de leur énumération). En ce dernier cas, la connaissance est abstraite de l'action (qui ordonne ou réunit) et non pas des objets, de telle sorte que l'expérience constitue simplement la phase pratique et quasi motrice de ce que sera la déduction opératoire ultérieure : ce qui n'a plus guère de rapport avec l'expérience au sens d'une action du milieu extérieur puisqu'il s'agit au contraire d'une action constructrice exercée par ce sujet sur ces objets extérieurs. Quant à l'expérience physique, elle n'a rien d'un simple enregistrement du donné mais constitue une structuration active, puisqu'elle est toujours *assimilation* à des cadres logico-mathématiques (comparer deux poids suppose ainsi une mise en « relations », donc la construction d'une forme logique). Or, tout cet ouvrage montre une fois de plus que l'élaboration des structures logico-mathématiques (du niveau sensori-moteur à la pensée formelle) précède la connaissance physique : l'objet permanent (chap. Ier, § II) est déjà solidaire du « groupe » des déplacements, comme la variation des facteurs physiques (chap. V, § IV) l'est d'une combinatoire et du « groupe » de quaternalité. Or, les structures logico-mathématiques sont dues à la coordination des actions du sujet et non pas aux pressions de l'objet physique.

3) Le troisième facteur fondamental, mais à nouveau insuffisant à lui seul, est celui des interactions et transmissions sociales. Quoique nécessaire et essentiel, ce facteur est insuffisant pour les mêmes raisons que nous venons de rappeler à propos de l'expérience physique. D'une part, la socialisation

est une structuration, à laquelle l'individu contribue autant qu'il en reçoit : d'où la solidarité et l'isomorphisme entre les « opérations » et la « coopération » (en un ou deux mots). D'autre part, même dans le cas des transmissions dans lesquelles le sujet paraît le plus réceptif, comme la transmission scolaire, l'action sociale est inefficace sans une assimilation active de l'enfant, ce qui suppose les instruments opératoires adéquats.

4) Mais trois facteurs disparates ne font pas une évolution dirigée, et à direction aussi simple et régulière que celle de nos trois grandes structures successives. Etant donné le rôle du sujet et des coordinations générales de l'action, en cette évolution, on pourrait alors songer à un plan préétabli sur un mode *a prioriste* ou selon une finalité interne. Mais un plan *a priori* ne saurait se réaliser biologiquement que par les mécanismes de l'innéité et de la maturation : or, nous avons vu leur insuffisance à expliquer tous les faits. Quant à la finalité c'est une notion subjective, et une évolution dirigée (c'est-à-dire qui suit une direction, et rien de plus) ne suppose pas nécessairement de plan préétabli : exemple la marche à l'équilibre de l'entropie en thermodynamique. Dans le cas du développement de l'enfant, il n'y a pas de plan préétabli, mais une construction progressive telle que chaque innovation ne devient possible qu'en fonction de la précédente. On pourrait dire que le plan préétabli est fourni par le modèle de la pensée adulte, mais l'enfant ne la comprend pas avant de l'avoir reconstruite et elle-même constitue la résultante d'une construction ininterrompue due à une succession de générations dont chacune a passé par l'enfance : l'explication du développement doit donc tenir compte de ces deux dimensions, l'une ontogénétique et l'autre sociale au sens de la transmission du travail successif des générations, mais le problème se pose en des termes partiellement analogues dans les deux cas, car dans l'un et l'autre la question centrale est celle du mécanisme interne de tout constructivisme.

Or, un tel mécanisme interne (mais sans réduction possible à la seule innéité et sans plan préétabli puisqu'il y a construction réelle) est en fait observable lors de chaque construction partielle et lors de chaque passage d'un stade au suivant : c'est un processus d'équilibration, non pas dans le sens d'une simple balance des forces, comme en mécanique, ou d'un accroissement d'entropie, comme en thermodynamique, mais dans le sens, aujourd'hui précis grâce à la cybernétique, d'une autorégulation, c'est-à-dire d'une suite de compensations actives du sujet en réponse aux perturbations extérieures et d'un réglage à la fois rétroactif (systèmes en boucles ou *feed-backs*) et anticipateur constituant un système permanent de telles compensations.

On aura peut-être l'impression que ces quatre grands facteurs expliquent essentiellement l'évolution intellectuelle et cognitive de l'enfant et qu'il importe dès lors de considérer à part le développement de l'affectivité et de la motivation. On soutiendra même éventuellement que ces facteurs dynamiques fournissent la clef de tout le développement mental, et que ce sont, en fin de compte, les besoins de croître, de s'affirmer, d'aimer et d'être valorisé qui constituent les moteurs de l'intelligence elle-même, aussi bien que des conduites en leur totalité et en leur complexité croissante.

Nous l'avons vu à plusieurs reprises, l'affectivité constitue l'énergétique des conduites dont l'aspect cognitif se réfère aux seules structures. Il n'existe donc aucune conduite, si intellectuelle soit-elle, qui ne comporte à titre de mobiles des facteurs affectifs ; mais réciproquement il ne saurait y avoir d'états affectifs sans intervention de perceptions ou de compréhension qui en constituent la structure cognitive. La conduite est donc une, même si les structures n'expliquent pas son énergétique et si, réciproquement, celle-ci ne rend pas compte de celles-là : les deux aspects affectif et cognitif sont à la fois inséparables et irréductibles.

C'est alors précisément cette unité de la conduite qui rend les facteurs d'évolution communs à ces deux aspects, cognitif et affectif, et leur irréductibilité n'exclut en rien un parallélisme fonctionnel, assez frappant même dans le détail (nous l'avons vu à propos des « relations objectales », des liaisons interindividuelles ou des sentiments moraux). Les sentiments comportent, en effet, d'indiscutables racines héréditaires (ou instinctives) sujettes à la maturation. Ils se diversifient au cours de l'expérience vécue. Ils tirent un enrichissement fondamental de l'échange interindividuel ou social. Mais par-delà ces trois facteurs, ils comportent à coup sûr des conflits ou des crises et des rééquilibrations, toute la formation de la personnalité étant dominée par la recherche d'une certaine cohérence et d'une organisation des valeurs excluant les déchirements intérieurs (ou les recherchant mais pour en tirer de nouvelles perspectives systématiques, comme celle de l'« ambiguïté » et d'autres synthèses subjectives). Sans avoir à rappeler le fonctionnement des sentiments moraux avec leur équilibre normatif si voisin des structures opératoires, il est donc exclu d'interpréter le développement de la vie affective et des motivations sans insister sur le rôle capital des autorégulations, dont toutes les écoles ont d'ailleurs, quoique sous des noms divers, souligné l'importance.

Cette interprétation permet de serrer d'assez près l'ensemble des faits connus, d'abord parce qu'une équilibration est nécessaire pour concilier les apports de la maturation, de l'expérience des objets et de l'expérience sociale. Ensuite nous avons vu, dès le § III, chap. Iᵉʳ, que les structures sensori-motrices se développent en procédant de rythmes initiaux à des régulations et de celles-ci à une ébauche de réversibilité. Or, les régulations relèvent directement du mode ici considéré, et toute l'évolution ultérieure (qu'il s'agisse de la pensée ou de la réciprocité morale, comme de l'équilibration propre à la coopération) est un progrès continu conduisant des régulations à la réversibilité et à une extension ininterrompue de cette dernière. Quant à la réversibilité, elle n'est pas autre chose qu'un système complet, c'est-à-dire entièrement équilibré, de compensations, telles qu'à chaque transformation corresponde la possibilité d'une inverse ou d'une réciproque.

L'équilibration par autorégulation constitue ainsi le processus formateur des structures que nous avons décrites et dont la psychologie de l'enfant permet de suivre pas à pas la constitution, non pas dans l'abstrait, mais dans la dialectique vivante et vécue des sujets qui se trouvent aux prises, à chaque génération, avec des problèmes sans cesse renouvelés pour aboutir parfois, en fin de compte, à des solutions qui peuvent être quelque peu meilleures que celles des générations précédentes.

BIBLIOGRAPHIE SOMMAIRE

Traité de psychologie expérimentale, par P. FRAISSE et J. PIAGET :
Fascicule VI, *La perception*, Presses Universitaires de France, 1963.
Fascicule VII, *L'intelligence*, Presses Universitaires de France, 1963.

L. CARMICHAEL, *Manuel de psychologie de l'enfant*, préface à la traduction française, R. ZAZZO, Presses Universitaires de France, 1952.

A. FREUD, *Le moi et les mécanismes de la défense*, Presses Universitaires de France, 1949.

Th. GOUIN-DÉCARIE, *Intelligence et affectivité chez le jeune enfant*, Delachaux & Niestlé, 1962.

B. INHELDER et J. PIAGET, *De la logique de l'enfant à la logique de l'adolescent*, Presses Universitaires de France, 1955.

M. LAURENDEAU et A. PINARD, *La pensée causale chez l'enfant*, Presses Universitaires de France, 1962.

G.-H. LUQUET, *Le dessin enfantin*, Presses Universitaires de France, 1927.

J. PIAGET, *Le jugement moral chez l'enfant*, 1932, 2ᵉ éd., Presses Universitaires de France, 1957.
— *La construction du réel chez l'enfant*, 1937, Delachaux & Niestlé, 2ᵉ éd., 1950.
— *La formation du symbole chez l'enfant*, 1945, Delachaux & Niestlé, 2ᵉ éd., 1964.
— et B. INHELDER, *Le développement des quantités physiques chez l'enfant*, Delachaux & Niestlé, 1941, 2ᵉ éd. augmentée, 1962.
— et B. INHELDER, *L'image mentale chez l'enfant*, Presses Universitaires de France, 1966.

R. SPITZ, *La première année de la vie de l'enfant ; Genèse des premières relations objectales*, Presses Universitaires de France, 1958.

H. WALLON, *Les origines du caractère*, Presses Universitaires de France, 2ᵉ éd., 1949.

TABLE DES MATIÈRES

1967. — Imprimerie des Presses Universitaires de France — Vendôme (France)
ÉDIT. N° 29 542   IMPRIMÉ EN FRANCE   IMP. N° 20 088